憲法　事例問題起案の基礎

岡山大学法科大学院公法系講座　編著

推薦のことば

　大学で学ぶことの目的や目標は、学生諸君により諸種であると思います。しかしながら、深い専門的知識や高度な技術、そして幅広い教養の習得を大学教育の主要な目的とすることに異存のある人は、少ないと思います。この目的達成のため岡山大学は、高度な専門教育とともに、人間活動の基礎的な能力である「教養」の教育にも積極的に取り組んでいます。

　限られた教育資源を活用し大学教育の充実を図るには、効果的かつ能率的な教育実施が不可欠です。これを実現するための有望な方策の一つとして、個々の授業目的に即した適切な教科書を使用するという方法があります。しかしながら、日本の大学教育では伝統的に教科書を用いない授業が主流であり、岡山大学においても教科書の使用率はけっして高くはありません。このような教科書の使用状況は、それぞれの授業内容に適した教科書が少ないことが要因の一つであると考えられます。

　適切な教科書作成により、授業の受講者に対して、教授する教育内容と水準を明確に提示することが可能となります。そこで教育内容の一層の充実と勉学の効率化を図るため、岡山大学では平成20年度より本学所属の教員による教科書出版を支援する事業を開始いたしました。

　教科書作成事業は、全学教育・学生支援機構教育開発センターFD専門委員会の下に設置された岡山大学版教科書WGにおいて実施しています。本専門委員会では、提案された教科書出版企画を厳正に審査し、また必要な場合には助言をし、教科書出版に取り組んでいます。

　今回、岡山大学オリジナルな教科書として、法科大学院の演習科目の一つである憲法（人権）の教科書を出版することになりました。司法試験の公法系（憲法）の問題では、人権侵害が争われる紛争を解決するために必要な憲法解釈の手法が問われることが多く、本書は、憲法解釈において共通する思考法を示し、系統的に説明することを目的としています。本書の特徴は、法科大学院で演習を担当する公法系の教員グループ全員が討論を重ねたうえで執筆し、学生諸君がより深く憲法を理解でき、また、実践的に司法試験の答案を起案できるよう

工夫をしている点にあります。本書が、今後も改良を加えながら、司法試験の受験において効果的に活用され、学生諸君の憲法解釈の能力向上に大いに役立つことを期待しています。

　また、これを機に、今後とも、岡山大学オリジナルの優れた教科書が出版されていくことを期待しています。

平成30年 4 月

国立大学法人　岡山大学　学長　槇野　博史

はじめに

　本書は、執筆者の一人である田近肇が平成23年4月から平成28年3月まで岡山大学大学院法務研究科（法科大学院）に在職していた当時作成し、その後現在の職場に移籍する際、「置き土産」として残してきた資料を元にしている。それがこの度、同研究科の公法系授業科目担当教員である吉野夏己、木下和朗および南川和宣が内容の不十分であった点を補い、必要なアップデートを行ったうえ、全員による内容の検討を経て、「岡山大学版教科書」として出版される運びとなった。

　法科大学院で憲法を教え始めた当時、少なからぬ学生から、「憲法の答案というのは、何を、どう書いたらいいのか分からない」という声を聞いた。確かに、例えば刑法の場合のような答案の「型」というのが憲法の場合にはないようにみえ、学生たちが困惑するのは分からなくもなかった。また、岡大ローの学生は決してレベルが低いわけではなく、彼ら（彼女ら）は勉強をしていないわけでもないが、それでも憲法が得意ではない——さらに言えば憲法という科目自体が好きではない——学生は、常に一定割合存在する。しかし、憲法が司法試験の必須科目である以上、そうした学生も憲法の試験を受けないわけにはいかないのであり、彼ら（彼女ら）が何とか、答案としての一応の体裁をなした起案ができるようにするため、学生たちが行っていた答案練習会の際に利用できるよう、参考資料として作成したのが本書の元となった資料である。

　本書は、その成り立ちが上記のようなものであることから、次のような性格を有する。

　第一に、本書は、「岡山大学版教科書」と銘打ってはいるものの、憲法あるいは憲法訴訟を体系的に論じた「教科書」では決してなく、また、法科大学院の講義・演習の教材でもない。むしろ、本書は、学生が公法系第1問の答案を作成する練習をする際、その書き方で困ったときに参照するTips集ないしFAQ集にすぎない。憲法の人権論・憲法訴訟に係る判例・学説についての体系的な知識は、法科大学院の講義・演習を通じて、また基本書等を読むことを通じて習得することが大前提となっている。

　第二に、本書は、人権論・憲法訴訟論における諸論点についての執筆者の学

iii

問上の見解を明らかにしようとするものでもない。かつて法科大学院がスタートした当時には「理論と実務との架橋」ということが言われたが、本書を執筆するにあたっては、そうした高邁な理想を追求することよりも学生の答案をどうにかすることの方が先決だと割り切って、むしろ執筆者の（独自の）見解は封印し、判例または通説を前提とした記述に徹することにした。

　とはいえ、いまだ通説が形成されるには至っていない領域、いろいろな文献を参照してもはっきりしたことが書かれていない領域もある。そうした領域に関しては、「学説の『最大公約数』としてはこんなところだろう」とか、「おそらく、こういうことになるだろう」という説明にならざるをえず、その意味では、割り切った記述に徹しきれていない部分が本書にあるのは事実である。ただ、そうした箇所については、断定した記述をすることは避け、「……ということではないか」「……と書いたらどうか」という、示唆・提案にとどめているので、注意されたい。

　第三に、憲法の起案をするにあたり違憲審査基準論で書くか、三段階審査論で書くかという問題があるが、本書では、違憲審査基準論を前提にした説明をしている。それはひとえに、岡大ローでは、法科大学院の設立の当初から、違憲審査基準論で憲法の講義・演習が行われてきたという事情による。

　最後に、先にも記したように、本書はもともと、答案練習会で憲法の起案をする度に低い評価しか貰えない学生を念頭に、「ホームラン答案」とは言わず、せめて司法試験で他の科目の足を引っ張らないレベルの答案を書けるようになることを目標にして作成した資料である。それゆえ、憲法という科目が好きで好きでたまらない学生や、優秀答案を書いて憲法で得点を稼ごうという学生には、本書は物足りないであろう。そうした学生は、さまざまな判例・文献を参照したうえで自分の頭で考えて、どのような起案が最も適切かを見つけ出していけばよく、本来、それこそが本当の勉強というものであろう。

　本書の説くところにただ従っている限り、いつまでも本書を超えることはできない。一応のレベルの答案を書けるようになった暁には本書を「卒業」して、より優れた起案をすることができるよう、切磋琢磨することが期待される。

平成30年4月

岡山大学法科大学院公法系講座　一同

目　次

第 1 章　総　説
　第 1 節　起案における一般的な注意事項……………………………………　1
　第 2 節　原告の主張…………………………………………………………　6
　第 3 節　被告の反論…………………………………………………………　11
　第 4 節　「あなた自身の見解」……………………………………………　15
　第 5 節　司法試験論文式試験の出題趣旨・採点実感について…………　17

第 2 章　自由権を制約する法令の合憲性審査
　第 1 節　憲法問題の提起……………………………………………………　19
　第 2 節　合憲性判断の枠組み………………………………………………　23
　第 3 節　違憲審査基準の適用………………………………………………　28
　第 4 節　原告の主張…………………………………………………………　29
　第 5 節　被告の反論および「あなた自身の見解」………………………　31
　第 6 節　三段階審査論………………………………………………………　32

第 3 章　積極的権利に対する違反の合憲性審査
　第 1 節　総　説………………………………………………………………　35
　第 2 節　原告の主張…………………………………………………………　41
　第 3 節　被告の反論および私見……………………………………………　42

第 4 章　平等違反の合憲性審査
　第 1 節　憲法問題の提起……………………………………………………　45
　第 2 節　合憲性の判断………………………………………………………　49
　第 3 節　基本の問題設定以外の平等適合性の論じ方……………………　54

v

第5章　適用違憲

　第1節　概念の整理……………………………………………………57

　第2節　適用違憲の論証………………………………………………59

　第3節　法令違憲との関係……………………………………………62

第6章　処分違憲

　第1節　総　説…………………………………………………………69

　第2節　処分違憲の論証………………………………………………70

　第3節　法令違憲の主張との関係……………………………………74

第7章　文面審査

　第1節　総　説…………………………………………………………75

　第2節　明確性の法理（漠然性または過度に広汎性の故に無効）………76

　第3節　「検閲」の禁止 ………………………………………………80

第8章　政教分離違反の合憲性審査

　第1節　訴訟の形式……………………………………………………83

　第2節　問題提起………………………………………………………83

　第3節　合憲性判断の枠組み…………………………………………84

　第4節　目的効果基準の適用…………………………………………87

第9章　委任立法・条例の合憲性が争われる場合

　第1節　委任立法・条例に特有な違憲の主張………………………91

　第2節　委任立法………………………………………………………92

　第3節　条例制定権の限界……………………………………………96

執筆者紹介（五十音順）

木下　和朗（きのした　かずあき）
　岡山大学大学院法務研究科教授
　【担当】第1章第5節、第4章、第7章第1節、全体の編集

田近　　肇（たぢか　はじめ）
　近畿大学大学院法務研究科教授、前岡山大学大学院法務研究科教授
　【担当】第1章（第5節を除く）、第2章（第6節を除く）、
　　　　　第3章、第5章、第6章、第8章

南川　和宣（みなみがわ　かずのぶ）
　岡山大学大学院法務研究科教授
　【担当】第9章

吉野　夏己（よしの　なつみ）
　岡山大学大学院法務研究科教授、弁護士
　【担当】第2章第6節、第7章第2節～第3節

第1章　総　説
第1節　起案における一般的な注意事項

1　答案用紙の使い方

　かつて、答案用紙の使い方について、考査委員から、「常に多くの文字数分も行頭を空けていて（さらには行末も空けている答案もある。）、1行全てを使っていない答案が、多く見受けられた。答案は、レジュメでもレポートでもない。法科大学院の授業で、判決原文を読んでいるはずである。それと同様に、答案も、1行の行頭から行末まできちんと書く。行頭を空けるのは改行した場合だけであり、その場合でも空けるのは1文字分だけである」（平成23年採点実感）という指摘がなされたことがある。

答案例A	答案例B
設問1 1　原告の主張 (1)　訴訟形式 　原告としては、本件不許可処分の取消訴訟を提起する。 (2)　憲法上の主張 ア　法令違憲の主張 　**法第*条は、憲法*条で保障された**の自由を侵害し、違憲・無効である。	設問1 1　　原告の主張 　(1)　訴訟形式 　　原告としては、本件不許可処分の取消訴訟を提起する。 　(2)　憲法上の主張 　ア　法令違憲の主張 　　**法第*条は、憲法*条で保障された**の自由を侵害し、違憲・無効である。

　この採点実感の言うところは、要するに、見出しを振った場合であっても、答案例Bのようにインデントを下げる必要はなく、答案例Aのように、改行の場合にのみ1字空けて、それ以外の場合は常に行頭から書き出すべきだということである。

　答案Aのように書くか、答案Bのように書くかは、裁判所の判決文のフォーマットと行政文書のフォーマットとの違いというところがあり、一概にどちらが「正解」とは言えない。また、そもそも答案例Aと答案例Bとのどちらのやり方で書くかが法律家としての本質的な能力にかかわる問題だとも思われない。

この指摘は、平成23年から平成26年までの採点実感でなされたもので、平成27年以降は、こうした指摘はなされていない。ただ、答案例Bのように答案を書き進めた結果、答案用紙の8頁目になって解答スペースが足らなくなる（そして、その結果、読みにくい小さな文字でごちゃごちゃ書き始める）のだとしたら、「だったら、初めから詰めて書いてくれ」という考査委員の気持ちは分からなくもなく、素直に採点実感に従って答案例Aのような形で答案を作成するのが賢明であると言えよう。

なお、この注意は、公法系第1問に限ってのもので、必ずしも他の科目にも妥当するものではないので、他の科目については、それぞれ担当の教員の意見を参考にされたい。

2　無関係・不必要なことは書かないこと

答案を書かせると、知っていることを全部書いてくる人がいる。せっかく苦労して覚えたことを書きたくなる気持ちは分からないでもないが、しかし、司法試験の答案は、覚えたことをとにかく披露する場ではない。解答として求められているのは、例えば「原告の訴訟代理人としてどのような憲法上の主張をするか」なのであって、それとは無関係な事柄は答案に書く必要がなく、そもそも書くべきではない。

政教分離原則を例にとれば、基本書等には、戦前には国家と神道が結びついた結果時として国民に神社に参拝することが強制されたことがあり、そうした反省から新憲法では政教分離原則が定められるに至ったという歴史的背景や、政教分離規定の法的性格について人権説・制度的保障説・制度説という3説があるといった説明がなされている。しかし、それらのことがらが原告の主張や被告の反論を書くために必要であればともかく、そうでないとしたら、これを答案に書くことには、何の意味もない。

周知のように、解答時間は2時間、答案用紙は8頁と決まっているのであり、無意味な議論を延々と書き連ねることは、時間と答案用紙の無駄である。

3 「憲法上の主張」をいくつ書くか

　公法系第1問の設問1では、原告の「憲法上の主張」を書くことが求められる。その際、憲法上の主張をいくつ書けばよいのかという問題がある。

　この点、考えつく限りの「憲法上の主張」を全部書くべきだという立場もありうるが、現実には、そのようなことは求められていない。実際、過去の出題趣旨では、「憲法違反の主張においては、あらゆる違反の可能性を主張するというよりも、違憲となる可能性の高い問題は何かを事例に照らして十分に検討した上で、説得的に主張することが期待される」（平成18年出題趣旨）、また、「求められていることは、……問題点をすべて挙げることではない。試験時間の制約の中で、重要度を自分で判断して重要であると思う（その判断の妥当性は問われるが。）複数の問題について、説得力のある主張を展開することが求められている」（平成20年出題趣旨）という記述がなされている。

　このことは当然といえば当然で、解答時間と答案用紙に限りがある以上、考えつく限りの「憲法上の主張」を全部書くなどということができるはずがない。したがって、実際には、その事案で中心的な争点になりそうな論点を二つないし三つとりあげて、「憲法上の主張」として書くのが現実的であろう。

　その際、とにかく問題文を注意深く読むべきである。問題文には、出題者が解答者に対して何について論じることを求めているのかというヒント——時として、かなり露骨な誘導——が含まれていることが少なくないからである。また、設問1に「○○については論ずる必要はない」という記載がなされることがあることに注意する必要があるのは、当然である。

4 リアリティのある主張を書くこと

　設問1で一方当事者の主張を書き、設問2で他方当事者の反論を想定する際、ありえないような主張は、書くべきではない。当事者の主張だからといって、「何でもいいから……、当事者に有利なように吹っ掛ければよいのではなく、吹っ掛けるとしてもそれは主要な学説や判例に依拠したものでなければならない」（松本哲治「当事者主張想定型の問題について」曽我部真裕ほか『憲法論点教室』（日本評論社、2012年）194頁、198頁）。

憲法　事例問題起案の基礎

　具体的には、例えば、ある職業活動を規制する法律の合憲性を争おうとする場合、いくら原告にとって有利になるからといって、その法律の合憲性をいわゆる厳格審査基準によって判断すべきだという主張は、判例や主要な学説を前提にする限り、ありえない主張であろう。

　ありえないような主張を書くべきではないということは、違憲審査基準の選択に限られない。例えば、宗教法人靖国神社に対する公金支出が憲法89条前段に反しないかが争われている事案（最大判平成 9・4・2 民集51・4・1673（愛媛玉串料事件）参照）で、「靖国神社は『宗教上の組織若しくは団体』に当たらないから、これへの公金支出は同条に反しない」と主張するのは、いくら被告の反論だとしてもあまりに非常識であろう。

　過去の採点実感においても、不適切な答案の例として、「Xの『主張』に対しておよそ通らないようなY側の主張を持ち出し,それを『見解』の部分であっさり否定する」といった答案が挙げられている（平成21年採点実感）。要するに、当事者の主張は、判例や主要な学説あるいは常識に照らしてリアリティをもったものでなければならないのである。

5　判例を踏まえて論じること

　論文式試験の問題には、仮に断片的であったとしても、その問題を考える際にヒントとなりうる判例が隠されている。このことは、平成24年および平成25年の論文式試験の問題に顕著であり、そうだとすれば、答案を作成するに当たっては、判例を踏まえた議論を展開することが求められる。

　このことは採点実感からも明らかであり、例えば、「関連する先例がきちんと挙げられて、検討されていない……。このことは、それぞれの領域の重要判例を当該事案との関係でただ覚えているだけで、問題を本質的に理解していないことの現れであるように思われる」（平成20年採点実感）、あるいは、「判例の言及、引用がなされない（少なくともそれを想起したり、念頭に置いたりしていない）答案が多いことに驚かされる。答案構成の段階では、重要ないし基本判例を想起しても、それを上手に持ち込み、論述ないし主張することができないとしたら、判例を学んでいる意味・意義が失われてしまう」（平成23年採

点実感）という指摘がなされている。

「判例を踏まえた議論」には、いろいろな形がありうる。第一に、憲法の規定の解釈につき、判例の解釈を前提として論証を進める方法もあれば、判例と学説との間に存在する解釈の違いを原告の主張と被告の反論との対立点にするという方法もある。平成24年の問題を例にとれば、憲法89条前段の「宗教上の組織若しくは団体」の意義について最三判平成5・2・16民集47・3・1687（箕面忠魂碑事件）が示した定義に言及しないわけにはいかないはずであるし、平成20年の問題では、憲法20条2項で禁止される「検閲」とは何かについて、最大判昭和59・12・12民集38・12・1308（札幌税関検査事件）が示した定義と、学説（例えば、芦部信喜（高橋和之補訂）『憲法〔第6版〕』（岩波書店、2015年）198頁以下）が採る定義とを対立させて論じることも可能であろう。

第二に、法律の合憲性判断の枠組みについて、当事者の一方（多くの場合、被告（検察官）の反論ということになろう）に、判例に沿った主張をさせるという方法がありうる。公務員の政治的行為の禁止の合憲性に関する最大判昭和49・11・6刑集28・9・393（猿払事件最高裁判決）などは、そうした使い方をすることができたであろう。

第三に、具体的な比較衡量なり、違憲審査基準の当てはめのレベルで、判例で問題となった事案と本件とで具体的な事実関係にどのような違いがあるのかという形で、判例に言及するという方法もある。

いずれにせよ、司法試験は実務家になるための試験なのであり、実務家になるための試験の答案で実務（判例）に一切言及しないということはありえないはずである。いわゆる「マニュアル答案」「予備校答案」の評判の悪さの原因は、部分的には、判例を一切無視した形で議論がなされているという点にある。

6　個別的に検討をすること

ある法令の規定なり、処分なりの合憲性を検討する際には、できる限り、個別的に検討することが求められる。平成24年の問題を例にとれば、地方公共団体が宗教団体に行った助成を一括りにして、「本件の助成は、憲法89条前段に反しないか」を検討するのではなく、助成の内訳ごとに合憲性を検討すること

が必要である。個別的に検討させようというのが出題者の意図だということは、問題文にわざわざ、「A寺への助成の内訳は、墓地の整備を含めた土地全体の整地の助成として2500万円……、本堂再建の助成として4000万円……、そして庫裏再建の助成として1000万円……となっている」と記されていることからも明らかであろう。

　また、平成26年の問題についても、「本件条例の合憲性」を一括して検討するのではなく、少なくとも、車種に関する規制と営業所および運転者に関する規制とに分けて検討することが求められていた。ここでも、問題文に、「A県は、……〔本条例〕……を制定し、……本条例に定める①車種、②営業所及び運転者に関する要件を満たし、A県知事の許可を得たタクシー事業者のタクシーのみ認めることにした」と、わざわざ「①」「②」が付されていることは、非常に示唆的である。

　いずれにせよ、法令の規定や処分の合憲性を検討する際には、漠然と法令・処分の合憲性を問題とするのではなく、合憲性が問題となる規定・処分を特定し、それが複数ある場合には、個別的に検討することが必要なのである。

第2節　原告の主張

1　答案の流れ

　公法系第1問の設問1で求められる原告（被告人）の憲法上の主張について、何をどういう順序で書いていくかは、難しく考えることはない。**法学の答案というのは要するに、①問題提起、②その問題を解決するための一般的規範、③その一般的規範の当該事案への当てはめを順番に書いていけばいいのだ**ということは、おそらく学部時代にも習ったであろう。このことは憲法の答案についても同じであり、①～③を原告としての主張になるように書いていけばよい。具体的には、①ある法令の規定なり処分なりが憲法の規範に反しているのではないかという合憲性の問題の提起、②その法令の規定・処分の合憲性を判断するためにどのような判断枠組みを用いるべきかという一般的規範、③その一般的規範を当該事案に適用すれば、その法令の規定・処分は憲法の規範に違反し

ているといいうることを、順を追って論証していくというのが、基本的な形である。もちろん、当該事案に複数の憲法問題が含まれているときには、①〜③を憲法問題の数だけ繰り返すことになる。

2 憲法問題の提起

憲法問題の提起と言うと、難しく聞こえるかもしれないが、要は、憲法が定めていることと法律の内容などとの間に不一致があるから違憲の疑いが生じるのであり、それゆえ、**憲法と法令等との間にどのような不一致が存在するのかを指摘する**というのが、問題提起の基本的な方法である。

問題提起をする際には、次の2点に留意する必要がある。第一に、**憲法問題の提起は、何が憲法のどの規範に違反するのかを特定して書く必要がある**。例えば、法令違憲の主張をするのであれば、「○○法は、憲法違反である」といった漠然とした問題提起の仕方をするのではなく、「○○法*条の規定は、（▲▲の自由を侵害するがゆえに）憲法△条に違反する」と、法令のどの規定を問題にしたいのか、憲法のどの規範との関係を問題にしたいのかを特定して示さなければならない。

第二に、問題提起は、その問題提起、言い換えれば議論の土俵の設定が適切なのだという論証を伴わなければならない。かつて、旧司法試験時代の予備校答案の影響なのか、「本件規制が表現の自由を侵害しないかが問題となる」という一言だけで問題提起を済ませている答案が横行していたが、単に「問題となる」というだけでは不十分である。当該事案をどのように分析したのかを示したうえで、どうしてこの事案でこの問題を論じなければならないのかを説明する必要がある。

具体的に、憲法問題の提起をどのようにしたらよいのかは、次章以下で、事案のパターンごとに詳しく説明する。

3 訴訟形式の選択

ところで、新司法試験がはじまった当初、そもそも「どのような訴訟を提起するか」が設問1で問われていた。最近は、問題文の中にどのような訴訟を提

憲法　事例問題起案の基礎

起するのかが最初から明記される傾向にあるから、多くの場合これを書く必要はないかもしれない。しかし、本来、憲法問題を提起するに際し、どのような訴訟を提起するかを念頭においておく必要がある。

　というのは、第一に、原理上、わが国の違憲審査制が付随的違憲審査の制度である以上、憲法問題だけが裁判で争われるということはなく、必ず具体的な訴訟が存在しなければならないからである。

　第二に、実際上、どのような訴訟を提起するかによって、その後の議論の流れが変わってくることがあるからである。例えば、次の例を考えてみよう。

> 事例1
> 　平成25年法律第21号による改正前の公職選挙法11条1項は、「次に掲げる者は、選挙権及び被選挙権を有しない」として「成年被後見人」を掲げていた（旧1号）。成人の日本国民であり、後見開始の審判を受けた成年被後見人であるXは、同法の規定は、憲法15条1項および14条1項に違反すると主張して訴訟を提起した。
>
> （東京地判平成25・3・14判時2178・3参照）

　この事案で、「公職選挙法旧11条1項1号による選挙権の制限は違憲である」という憲法問題の提起をするとして、訴訟としては、例えば、次回の選挙において投票できる地位にあることの確認を求める訴え（公法上の当事者訴訟）を提起するという方法と、選挙権の違憲的な制限を放置した立法の不作為が違法であるとして国家賠償請求訴訟を提起するという方法とを考えうる。このとき、後者を選択するのであれば、当該立法不作為は国家賠償法上違法と評価しうるか否かという議論が必要になってくることは、周知のとおりである。このように、いずれの訴訟形式を選択するかによって、その後の議論の流れが異なってくることがあり、それだからこそ、初めにどのような訴訟形式を選択するのかを明確にしておく必要があるのである。

　第三に、「その事案においてはどのような訴訟を提起するのが適切か」という知識自体が問われることもありうる。例えば、特定期日における集会のためになされた公的施設の利用許可申請に対して不許可処分がなされた事案では、不許可処分の取消訴訟ではいつまでも本案にたどり着かないから、不許可処分

8

によって発生した損害の賠償を求める国家賠償請求訴訟を提起しなければならない（最大判昭和28・12・23民集7・13・1561（皇居前広場事件）および最三判平成7・3・7民集49・3・687（泉佐野市民会館事件）を参照）。また、地方公共団体の行為が政教分離規定に違反しないかを端的に争おうとする場合、政教分離規定の法的性格について人権説をとらない限り主観訴訟を提起することはできないから、客観訴訟（住民訴訟（地方自治法242条の2第1項4号））を提起しなければならないことになる。

4　求める違憲審査の選択

　また、「憲法上の主張」をする際には、裁判所に対して、**どのような型の違憲審査を求めるのかを特定しておかなければならない**。つまり、「ある国家行為が違憲である」と主張する場合、(a)（狭義の）文面審査による法令の違憲の主張、(b) 客観的（一般的）審査による法令の違憲の主張、(c) 法令の（狭義の）適用違憲の主張、(d) 合憲限定解釈をしなかったことによる法令の解釈適用の誤りの主張、(e) 処分違憲の主張がありうるのであり、原告として、これらのうちのどれを主張したいのかを明確にする必要がある。

　例えば、次の例を考えてみよう。

> 事例2
> 　Xは、その執筆にかかる高等学校の教科用図書『新日本史』の原稿について、Y（文部大臣）に対して検定を申請したところ、Yは多くの欠陥を指摘し、修正意見・改善意見を付して条件付合格処分を行った。Xは、個々の検定意見により精神的苦痛を受けたとして、国家賠償法に基づく損害賠償を請求する訴えを提起した。
> 　　　　　（最三判平成9・8・29民集51・7・2921（第三次家永教科書訴訟）参照）

　この事案で、教科書検定制度を定めた法令の規定が憲法21条2項に違反するという文面審査による違憲の主張をするのであれば、違反の有無の判断は、例えば、札幌税関事件判決（前掲）が示した「検閲」の定義に教科書検定制度が該当するか否かによってなされるのであって、違憲審査基準を用いた議論をする余地はない（第7章第3節参照）。そうではなく、法令の規定が憲法21条1

項に違反するという客観的（一般的）審査による違憲の主張をする場合には、まさしく違憲審査基準を使い、立法事実に照らして法令の合理性を検討する議論をすることになろう。他方、教科書検定制度それ自体は合憲だとしても、具体的な処分（検定意見）が違法だと主張するのであれば、例えば判断過程審査によって、今度は司法事実に照らしてその違法性を判定することになる。このように、どの型の違憲審査を求めるのかによって、その後の議論の仕方は異なってくるのであり、それゆえ、初めにこれを特定しておく必要があるのである。

5 合憲性判断のための一般的規範とその適用

上記の2のように適切に憲法問題の提起をしたら、次に、その法令の規定・処分の合憲性を判断するためにどのような判断枠組みを用いるべきかという一般的規範を提示し、その一般的規範を当該事案に適用するというステップに進むことになる。違憲審査基準論によって議論を展開するのであれば、ここで違憲審査基準を提示して当てはめをすることになるし、三段階審査論によるのであれば、ここで「正当化」の論証を行うことになる。

ただ、この部分の論証の仕方は、問題となっている人権によって異なるうえ、どのような型の違憲審査を選択するかによっても異なってくるため、その詳細は、章を改めて、第2章以下で説明することにする。

6 違憲審査基準論か、三段階審査論か

「答案を書くとき、違憲審査基準論と三段階審査論と、どちらで書いた方がいいんですか？」というありがちな質問には、ここで答えておくのが最も適切であろう。結論から言えば、違憲審査基準論でも、三段階審査論でも、どちらでもよい。

採点実感は、時として、やや過剰な表現で違憲審査基準論に対して否定的なコメントをしている。例えば、平成23年採点実感は、「最初から終わりまで違憲審査基準を中心に書きまくるという傾向はますます強まっているように感じられる。最初にこの状況で適用されるべき違憲審査基準は何かを問い、この場合は厳格な（あるいは緩やかな）基準でいく、と判断すると、後は『当てはめ』

と称して、ほとんど機械的に結論を導く答案が非常に目に付く」というコメントをしている。しかし、それは、「事案を自分なりに分析して当該事案に即した解答をしようとするよりも、問題となる人権の確定、それによる違憲審査基準の設定、事案への当てはめ、という事前に用意したステレオタイプ的な思考に、事案の方を当てはめて結論を出してしまうという」、「観念的・パターン的な論述」に対する批判的なコメントなのであって、違憲審査基準そのものを否定しようとするものではないように思われる（松本哲治「審査基準論と三段階審査」曽我部真裕ほか『憲法論点教室』（前掲）16頁、23頁）。

　事案の分析をきちんと行うべきだという点では、違憲審査基準論も三段階審査論も変わりはない。「保護範囲」および「制約」の検討を通じて事案の分析を明示的に行うべきことをはっきりと意識させたという点は三段階審査論の功績であるが、違憲審査基準論も、当然、違憲審査基準を用いるときには事案の分析を踏まえなければならないことを前提としている。違憲審査基準論が従来保護範囲や制約ということを言ってこなかったのは、事案の分析はどうでもいいからでは決してなく、そうした分析がなされることは「当たり前」だと考えてきたからにすぎない。それゆえ、違憲審査基準を用いる場合であっても、上記の2で述べたような事案の分析を踏まえたものでなければならず、逆に、そうした事案の分析がなされているのであれば、三段階審査論ではなく違憲審査基準論による論証であっても、何も問題はないように思われる。

第3節　被告の反論

1　被告（検察官）の反論をどこまで書くか

　被告の反論を書くに当たり、まず確認しておかなければならないのは、公法系第1問の設問2の問いは、「被告の反論を書きなさい」とはなっておらず、「被告の反論を想定しなさい」となっていることである。つまり、設問1の「原告の主張」とは異なって、設問2の被告の反論については、議論を初めから終わりまで全部書くことは要求されていない。要求されているのは、あくまでも「想定すること」である。もちろん、「答案には書かなかったけど、自分の頭の中

では想定しました」という言い訳は通用しないから、被告ならこう反論するだろうと考えたところを答案に示す必要はあるが、それは、答案上にはそのポイントだけを書けば足りる。

　実は、公法系第1問の設問の形式は、新司法試験の最初から今のような形だったわけではない。第1回新司法試験（平成18年）の公法系第1問は、設問1で原告の主張、設問2で被告の主張、設問3で私見を書かせる形式をとっていた。これが翌年（平成19年）の公法系第1問から現在の形に変更されて現在に至っている。では、なぜ、平成19年から設問の形式が変更されたのか。これは推測の域を出ないが、おそらく、平成18年の形式では「2時間という解答時間と限られた答案用紙のスペースを考えると、……いささかヘビー」で（原田一明＝君塚正臣編『ロースクール憲法総合演習』（法律文化社、2012年）266頁）、途中答案が続出したためであろう。その結果、被告の反論については端折った形で書かせる格好に変更がなされ、今に至っているのだと推測される（以上につき、松本「当事者主張想定型の問題について」（前掲）198頁も参照）。

　このことは、出題趣旨からも明らかで、「設問2では、まず、設問1での主張とは対立する、すなわち、本問の仮想する法律を合憲とする理由付けを想定することが求められる（この部分の記述は、簡潔でよい）」（平成20年出題趣旨。傍点筆者）という説明がなされている。

　それゆえ、**被告の反論はがっつり書く必要はなく、ポイントだけを書くこと**にして、その分、解答時間と答案用紙のスペースを、原告の主張と私見とに充てるようにしたい。

2　被告の反論についての形式的注意事項

　設問2で被告の反論を書く際、これを独立の項目としてまとめて書くのか（下の答案例A）、それとも、設問2は全体として「あなた自身の見解」を書く格好にして、その中で論点（ポイント）ごとに被告の反論に触れる形で書くのか（答案例B）という問題がある。

答案例A	答案例B
設問2	設問2
1　被告の反論	1　違憲審査基準
被告としては、……の反論をすることが考えられる。……それゆえ、被告としては、本件規制は合憲であると反論する。	まず、被告の反論として……本件規制は表現内容中立規制であり、……の基準で審査すべきというものが考えられる。
2　私見	しかし、私見としては、本件規制は表現内容規制とみるべきであり、したがってその合憲性は厳格審査基準によって判断すべきと考える。
私見としては、本件規制は表現内容規制とみるべきであるから、厳格審査基準によって審査するべきと考える。そして、本件規制の……という立法目的は必要不可欠といいうるものの、……という手段は必要最小限度とはいえず、したがって、本件規制は違憲であると考える。	2　当てはめ
	被告としては、仮に厳格審査基準によるとしても……と反論することが考えられる。
	しかし、私見としては、……本件規制が採用する手段は必要最小限度とはいえず、したがって、本件規制は違憲であると考える。

　このどちらの形で答案を書くべきかは、公法系第1問の設問から論理必然的に決定されるわけではない。重要なのは「問題点を的確に把握し、それを主張・反論、検討という訴訟的な形式で整理する」（平成23年採点実感）ことができるかどうか、それらの議論がかみ合っているかどうかなのであり、反対当事者の反論を独立の項目として記述するのか、それとも、私見の中に盛り込む形で記述するのかという形式の問題は、本来は本質的な問題ではない。

　ただ、かつて採点実感の中で、「想定されるY側の主張は、必ずしもそれを独立に詳論する必要はなく、『自身の結論及び理由』の中で、一体として議論に組み込んで示せば足りる」（平成21年採点実感）、あるいは、「『被告側の反論』の想定を求めると、判で押したように、独立の項目として『反論』を羅列する傾向が見られる」（平成23年採点実感）という、答案例Aに対して否定的な指摘がなされたことがある。もっとも、最近の採点実感ではこうした指摘はなされていないから、答案例Aのように書くのか、答案例Bのように書くのかは、

憲法　事例問題起案の基礎

実はどちらでも良いのかもしれない。が、以前の採点実感の指摘がどうしても気になるのであれば、答案例Bのような形で答案を作成するのが良い。その場合、どこまでが被告の反論で、どこからが私見なのかが区別できるように気をつける必要があろう（平成29年採点実感を参照）。

3　被告の反論として何を書くか

　公法系第１問では、当事者間で見解が対立しうる憲法上の争点を見つけ出し、その争点に関する原告（被告人）と被告（検察官）との主張をそれぞれ書いたうえで、その争点について「あなた自身の見解」を述べることが求められている。この設問の形式からすれば、設問２の**被告の反論**および**「あなた自身の見解」は、原告の主張に対応する形で、議論がかみ合うように書く**というのが原則である。

　その際、被告の反論は、１で触れたように、そのポイントだけを示せばいいのであるから、原告との間で争いのない点については論じる必要はなく、原告と主張を異にする点についてのみ簡潔にその主張を書けばよいであろう。

　なお、原告（被告人）に主張させることが不自然な論点については、原告（被告人）が主張していないにもかかわらず、被告（検察官）に反論として言わせるということもありうるかもしれない。例えば、第三者所有物没収事件（最大判昭和37・11・28刑集16・11・1593）の事案で、まず被告人の方から、第三者の権利の援用が可能であるという主張をするのはやや不自然なようにみえる。この場合、まず検察官の方から、第三者の権利を援用することはできないという反論があり、それに対して被告人が本件の場合には第三者の権利を援用することも許されると再反論するというのが自然な流れであろう。同じことは、「法律上の争訟」に当たるか否かが問題となる場合についても言える。そのような場合、設問１ではその論点に触れず、設問２で被告（検察官）の反論を想定する中でその論点を取り上げ、私見を書く際に、（問題文では求められていないが）おそらく原告（被告人）がこう再反論するだろうということを想定して書き進めるというのも一案かもしれない。

　さて、「被告の反論」というと、とにかく違憲審査基準を変えなければなら

14

ないという思い込みがあるようであるが、違憲審査基準で争うだけが能ではない。

違憲審査基準の議論に入る前の問題提起のレベルで争うという方法もありうる。例えば、平成18年の論文式試験の事案（製造たばこの容器包装の規制）で言えば、原告が表現の自由を主張して争おうとするのに対して、被告としては、商品の包装はそもそも表現物ではなく、本件で問題となるのはせいぜい営業の自由にすぎないと反論することもありうる。また、平成19年の論文式試験の事案（宗教団体による開発事業計画に対する不許可処分）についても、原告が信教の自由を主張するのは当然としても、被告としては、本件で問題となっている具体的利益は所有する土地に施設を建設するという利益なのだから、せいぜい財産権の制限が問題になるにすぎないと反論することが可能であろう。

また、その事案でどの人権が問題となるかには争う余地がないとしても、その人権に対してなされた制約の態様を争うという方法もある。例えば、戸別訪問による選挙運動の禁止（公職選挙法138条）は、特定の候補者への投票を依頼するという表現の内容に着目した表現内容規制だとみることもできるし、戸別訪問という手段に着目した表現内容中立規制だとみることもできる。

さらに、違憲審査基準自体については争わないとしても、その当てはめの方法で争うこともできる。例えば、政教分離規定の違反が問題となる事案では、違憲審査基準を原告と被告とで変えるために無理やり原告に目的効果基準以外の審査基準（例えば、レモン・テスト）を主張させなくても、目的効果基準を使うこと自体には原告・被告とも異論はないとしたうえで、津地鎮祭事件（最大判昭和52・7・13民集31・4・533）のような当てはめの仕方をするのか、愛媛玉串料事件（最大判平成9・4・2民集51・4・1673）のような当てはめの仕方をするのかで争わせることが可能である（第8章を参照）。

第4節 「あなた自身の見解」

「あなた自身の見解」は、原告の主張とも、被告の反論とも異なる第三の見解を書かなければならないというわけではない。

憲法　事例問題起案の基礎

　この点、かつて考査委員が「『あなた』の見解は、必ずしも、B教団側の主張かC市側の主張か、という二者択一であるとは限らない。『あなた』の見解は、それらとは異なる『第3の道』となることもあり得る」（平成19年出題趣旨）、あるいは、「『あなた自身の見解』は、必ずしも、被告人側と検察側の相対立する主張のいずれか、という二者択一であることが求められているわけではない。『あなた自身の見解』は、両者とは異なる『第三の道』であることもあり得る」（平成20年出題趣旨）という、やや無責任なコメントをしたことがあり、その結果、私見は「第三の道」を書かなければならないという変な思い込みが生じているように思われる。

　しかし、現実には、判例および主要な学説に照らして、3通りの議論がいずれも論理的に成り立つ場合というのは、決して多くない。「審査基準に関して、主要な学説と判例に依拠して対立を論じるとすれば、ありうるのは、通常は、図式化していえば厳格か中間か、中間か合理性審査かであろう。一番厳格な審査と一番緩やかな審査のいずれもが、判例および主要な学説を根拠に論じうるということは、もちろん例外はありうるが、一般的ではあるまい」（松本「当事者主張想定型の問題について」（前掲）199頁）。当の考査委員が忌み嫌う「予備校答案」、すなわち事案の分析と違憲審査基準とが結びつかない答案が出てくるのは、「原告の主張、被告の反論、私見という3通りの議論を書かなければならない」という思い込みの結果、無理な議論を捻り出そうとしたためではないかとも思われる。

　結局、公法系第1問の出題形式からは、最低限、原告の主張と被告の反論という2通りの議論は考える必要はあるが、私見は、「原告の言うとおりである」「被告の言うことが正しい」ということでもいいのであって、無理やりにおかしな議論を捻り出す必要はないであろう。

　なお、事案の分析と違憲審査基準とを組み合わせると、無理をしなくても3通りの議論を考えることが可能な事案もありえ、その場合には、私見は、原告とも被告とも異なる第三の議論を書くことができる。例えば、戸別訪問による選挙運動の禁止（公職選挙法138条）の合憲性については、(a)「表現内容規制→厳格審査基準→違憲」という被告人の主張、(b)「表現内容中立規制→合理的関連性の基準（猿払基準）→合憲」という検察官の反論、(c)

「表現内容中立規制→LRAの基準→違憲」という私見、という3通りの議論を考えることができる。ただ、このようなことが可能な場合は、ごく例外的な少数にとどまり、多くの場合には、「二者択一」の中で私見を書くことになろう。

「原告の言うとおりである」「被告の言うとおりである」という私見にすると、私見で書くことがなくなってしまうと思うかもしれない。確かに、この点は、公法系第1問の出題形式が解答者に「一人三役」を演じるよう求めていることから生じる難問ではある。

ただ、被告の反論を支持する形で私見を書こうとする場合は、問題はそれほど大きくはない。先に触れたように、被告の反論は簡潔に示せばよく、がっつり書く必要はないのだとすれば、被告の反論はポイントのみを示したうえで、それを敷衍した議論を私見の中で展開すればよい。

問題は、原告の主張を支持する形で私見を書こうとする場合である。この場合、原告の主張として書いたところを「コピペ」したような文章を私見でも書くというのでは、あまりに芸がない。原告の主張の部分はやや手加減をして軽めに書き、本格的な議論を私見にとっておくという手もないわけではないが、私見で原告の主張に乗るというのは「被告の反論を考慮してもなお原告の主張に分がある」ということなのであるから、私見を書く際には、原告の主張をそのまま写すのではなく、なぜ原告の主張の方が被告の主張よりも優れていると言えるのか、被告の主張はどの点に問題があるのかを補った形で書くというのが本筋であるように思われる。

第5節　司法試験論文式試験の出題趣旨・採点実感について

論文式試験については、毎年、司法試験委員会から出題趣旨および採点実感が公表されている。この出題趣旨・採点実感に関しては、これをどこまで信用すべきか（どこまで真に受けるべきか）という問題が存在する。

もちろん、出題趣旨・採点実感は、その時々の考査委員が受験生に何を求めているかを示すものであり、また考査委員による採点の傾向もうかがうことができるから、受験生としては、必ず一読すべきである。

しかし、反面で、出題趣旨・採点実感もその時々の判例および学説の水準を前提としている。それゆえ、時間が経過して、判例が蓄積しあるいは学説が進展した後で、過去の出題趣旨や採点実感を読むと、最新の判例や学説に照らして必ずしも適切とはいえない記述が出てくることはありうる。例えば、佐藤幸治『日本国憲法論』が出版されたのは平成23（2011）年、曽我部真裕ほか『憲法論点教室』が出版されたのは平成24（2012）年、渡辺康行ほか『憲法I』（俗に言う「新四人本」）が出版されたのは平成28（2016）年のことであり、小山剛『「憲法上の権利」の作法』、宍戸常寿『憲法　解釈論の応用と展開』および木村草太『憲法の急所』など、多くの受験生が利用している文献も改訂を重ねている。当然のことながら、それ以前の出題趣旨・採点実感には、それらの学説上の成果は反映されていない。同じことは、法学セミナーや受験新報に掲載された論文式試験の解説や予備校などが作成した解説についても言えるであろう。

　そもそも、出題趣旨・採点実感は唯一無二の正解を示すものでない。平成23年採点実感をめぐっては、その公表後に疑問が多数の関係者から寄せられ、内容を事実上修正する「補足」がさらに公表されるという事態が生じた。また、論文式試験の過去問を素材とする、ある演習書は、「出題趣旨については、重要な論点が抜け落ちている、あるいは論点のとらえ方に疑問がある、などと感じたことについても直接的あるいは間接的に言及し」ている（渋谷秀樹『憲法起案演習　司法試験編』（弘文堂、2017年）471頁）。これらの事情を例示するだけでも、論文式試験についてはさまざまな「正解」がありうるのであり、ある程度の批判的視点をもって出題趣旨・採点実感を読むべきことが分かるだろう。

　それゆえ、出題趣旨・採点実感、各種の解説を読むときには、それらを鵜呑みにするのではなく、その記述が本当に正しいかを自分で見極めることが必要である。

　とはいえ、**公法系第 1 問に関しては、平成28年採点実感が、事例問題をどのように論述すべきかについての一般的な留意点（この留意点は答案を採点する視点でもあると推測される）を整理して示すとともに、問題に即して具体的な注意を与えている。その熟読を強く勧める次第である。**

第2章　自由権を制約する法令の合憲性審査
第1節　憲法問題の提起

1　総　説

　第2章では、**防禦権侵害を法令違憲の主張で争う場合**の答案の書き方を検討する。これは、憲法の起案のうち最も基本的な「型」であるから、まずは、この型の起案をマスターしてほしい。

　さて、第1章第2節で触れたように、まず、憲法問題の提起をしなければならないが、防禦権侵害の問題提起は、どのようにしたらよいのか。

　この問題提起は、多くの場合、「○○法*条の規定は、（▲▲の自由を侵害するがゆえに）憲法△条に違反する」という一文に要約されるのであろうが、ただ、第1章第2節で述べたように、この一文を答案用紙に記すだけでは不十分であり、この問題提起が適切なのだという論証をすることが必要である。この論証をするためには、①**本件では、▲▲の自由の侵害が問題となり、したがって憲法△条違反が問題になるということ、②本件では、○○法*条の規定の合憲性が問題になるということの2点を説明しなければならない。**

　この①と②とを説明するためには、三段階審査論にいう「保護範囲」と「制約」という論証の形式を便宜的に借用することが非常に有益である。

　三段階審査論において保護範囲の検討は、本来、人権制限の正当化の必要性の有無を判別するためのものとされるが（小山剛『「憲法上の権利」の作法〔第3版〕』（尚学社、2016年）24頁以下）、ある事案で原告（被告人）が主張しようとしている具体的利益が▲▲の自由の保護範囲に含まれるという論証は、同時に——三段階審査論の本来意図しているところではないとしても——、その具体的利益は例えば憲法20条でも22条でもなく、21条によって保障されるのだということを示すために用いることができる。

　また、三段階審査論における制約の検討も、この理論が本来意図しているところ（これについては、小山・前掲書35頁以下を参照）とは別に、「なぜ、○○法*条の規定の合憲性を問題としなければならないのか」あるいは「○○法*条の規定のなにが問題なのか」を示すために借用することができるであろう。

19

憲法　事例問題起案の基礎

　このように、先の①は、三段階審査論の「保護範囲」の論証の形式を借りることにより、②は、「制約」の論証の形式を借りることによって説明をすることができる。そして、①の説明は、厳密には、①-a憲法がどのような権利・利益を保障しているのかの確定（憲法規定の実体的な解釈論）と、①-b当該事案で問題となっている具体的な利益が①-aで確定した権利・利益に含まれるという論証（保護範囲）とに分けて考えることができる。以下、順を追ってみていこう。

2　保護範囲

（1）憲法の実体的な解釈論

　三段階審査論を参考にした答案を書いてくる学生の中には、保護範囲の検討として①-bの議論だけを書いてくるものがあるが、考えてみれば、「そもそも憲法△条は何を保障しているのか」を確定しないことには、当該事案で問題となっている具体的な利益がその保護範囲に含まれるか否かという議論もできないはずである。そして、憲法△条が何を保障しているかは、必ずしも自明ではない場合が少なくない。

事例3
　機動隊員が学生運動のデモ参加者に加えた特別公務員暴行陵虐行為に関する付審判請求を審理していたY地方裁判所は、その様子を撮影していた放送局に対し、ニュース・フィルムを提出するよう命令した。これに対し、放送局は、そのような命令は憲法21条に反するとして、抗告を行った。
（最大決昭和44・11・26刑集23・11・1490（博多駅事件）参照）

　この事件は、どの基本書でも、マス・メディアの取材の自由ないし（広義の）取材源秘匿権の制約が争われた事例として紹介されている。しかし、憲法には、「取材の自由」や「取材源秘匿権」を保障する明文の規定は存在しない。憲法が取材の自由や取材源秘匿権を保障しているというのは、憲法21条の解釈によって導き出された結果なのであって、これを自明のものとして答案に書くことはできない。

20

したがって、この事案で取材の自由（取材源秘匿権）の侵害を言うのであれば、まず、憲法21条の表現の自由には事実の報道の自由も含まれること、報道の基礎となる事実を収集する自由として取材の自由も同条で保障されること、取材の自由を実効的なものにするためには、取材の自由には取材源秘匿権も含まれると理解すべきこと、取材源秘匿権は単に取材源を明らかにしない権利というだけでなく、取材物を押収されない権利も含まれると考えるべきことを論証してからでないと、そのような主張をすることはできないのである。

　取材の自由は、極端な（しかし、それだけに分かりやすい）例だが、明文規定が存在しないにもかかわらず、憲法上保障されていることが当然視されているものは、これ以外にも少なくない。例えば、教育の自由、大学の自治、知る権利、営業の自由などはいずれも、これらを正面から保障する明文規定はなく、解釈によって導き出されたものである。また、細かく言えば、営利的表現の自由や集団行動（デモ行進）の自由についても、解釈論上の争いがある。

　それゆえ、そうした解釈によって憲法上根拠づけられている権利を問題にするにあたっては、まず、その根拠となるべき憲法規定の解釈論を提示する必要がある。

（2）保護範囲

　以上のように憲法の実体的な解釈論によって憲法のある規定がどのような権利・利益を保護しているのかを確定したら、次に、具体的な事案で問題となっている具体的な利益がその保護範囲に含まれることを論証する必要がある。三段階審査論で「保護範囲」の論証と呼ばれているのは、一般的にはこの論証を指しているのかもしれない。

　具体的な事件では、抽象的な基本的人権が問題となるわけではない。例えば、最二判平成 8・3・8 民集50・3・469（神戸高専事件）においても、抽象的に信教の自由が問題となったわけではない。その事件で問題となっていたのは、「信仰する宗教の教義に基づいて、必修科目の体育の剣道実技を拒否するという利益」という具体的な利益である。この事件が信教の自由の侵害が争われた事件だというのは、憲法が信教の自由として保障する利益の中にその具体的な利益が含まれるという思考過程を経て、そのように考えた結果である。

憲法　事例問題起案の基礎

したがって、答案上は、いきなり信教の自由に飛びつくのではなく、そうした思考過程を示すことによって、当該事案で問題となっている具体的な利益が憲法20条1項による保障を受けることを論証する必要があるのである。

3　制　約

以上で「本件では、▲▲の自由の侵害が問題となり、したがって憲法△条違反が問題になる」という説明を終えたら、次に、「なぜ、○○法*条の規定の合憲性を問題としなければならないのか」という説明に移ることになる。

法令の合憲性を問題とする場合、漠然と「○○法によって▲▲の自由が侵害されている」というのではなく、必ず、その法令のどの規定を問題にしたいのかを、条文を特定して示す必要があることは、すでに触れた（第1章第2節2）。その際、○○法*条がどのような仕組みを定めているのかを具体的に示すことによって、○○法*条が▲▲の自由を侵害していることを説明することになろう。

なお、三段階審査論では、「制約」として検討するのは「制約の有無」なのであって、これを「制約の態様」と混同してはならないとされている（小山・前掲書35頁）。ただ、ここでは三段階審査論の論証の形式を借用しているにすぎないから、問題提起を考える中で、「侵害の態様」もあわせて分析しておいてもよい。というのは、例えば、表現の自由が問題となる事案の場合、問題の制約が事前規制なのか事後規制なのか、表現内容規制か表現内容中立規制か、直接的規制か間接的規制かによって、この後に続く合憲性の判断枠組みが変わってくるからである。同じことは、経済的自由権が問題となる事案についても言うことができ、問題の制約が消極目的規制なのか積極目的規制なのか、（単純な目的二分論によらないとしたら）ある職業に対する参入そのものに対する規制（事前規制）なのか職業活動の継続に関する規制（事後規制）なのか、主観的条件に基づく規制なのか客観的条件に基づく規制なのかを、この段階で分析しておくと——答案上ここで書くのか、それとも後の違憲審査基準の設定の箇所で書くのかはともかく——、後の違憲審査基準の論証につなげやすい。

第2章　自由権を制約する法令の合憲性審査

第2節　合憲性判断の枠組み

1　違憲審査基準

　第1節でみたところに従って問題提起が済んだら、それに続けて、その事案で問題となっている権利の制約が合憲と言えるかどうか（三段階審査論的な言い方をすれば、「当該侵害は憲法上正当化可能かどうか」）を論じることになる。

　三段階審査論では、この論証は比例原則を用いて行うものとされる（小山・前掲書63頁以下。また、本章第6節も参照）。ただ、すでに説明したように（第1章第2節6）、保護範囲と制約の検討を通じた事案の分析は、なにも三段階審査論に固有のものではないのであって、そうした検討を通じて事案の分析を行った後で、違憲審査基準を用いた合憲性の判断に持ちこんだとしても、論理的にはおかしくはないように思われる。しかも、現時点で——今後、変わってくるのかどうかは分からないが——、防禦権の侵害が法令違憲の主張で争われる場合の違憲審査の方法としては違憲審査基準を用いたやり方が一般的と思われる以上、ここでは、違憲審査基準論に従った合憲性判断を説明しておこう（もちろん、三段階審査論が説くような比例原則を用いた審査が悪いと言っているわけでは、決してない）。

2　違憲審査基準を用いることができない場合

　とはいえ、**違憲審査基準（目的手段審査）については、これを用いることができる場合と、これを用いることができない場合とがある**ということに注意しなければならない。先に、採点実感の中で、「違憲審査基準の設定と事案への当てはめ」というパターン化された答案に対して否定的な評価がなされていることに触れたが（第1章第2節6）、その原因は、当該事案で違憲審査基準を使うことができるかどうかということを何も考えず、何でもかんでも違憲審査基準で処理しようとする答案が続出したというところにあったように思われる。では、どのような場合には、違憲審査基準を使うことができ、どのような場合にはこれを使うことができないのか。

　違憲審査基準（目的手段審査）は、法令の規定の合憲性を判定するための基

23

準である。したがって、法令の規定そのものの合憲性を問題としたい場合（一般的・客観的審査による法令違憲の主張および狭義の適用違憲の主張）には、それによって合憲性を判断することができる。しかしながら、例えば、処分の合憲性を問題としたい場合（処分違憲の主張）には、違憲審査基準を使うことができず、その合憲性はそれ以外の方法によって判断しなければならない（第6章を参照）。

また、ある個人の基本的人権と他の個人の基本的人権とが対立していて、その調整が問題となる場合も、一般的には、違憲審査基準を用いることができないと理解されている。例えば、マス・メディアがその表現行為によって他の私人の名誉を毀損した場合、マス・メディアの表現の自由と他の私人の名誉権との調整が問題となるが、この場合、一般的には、厳格審査基準をパスしない限り名誉毀損罪（刑法230条）に問うことができないとか、不法行為責任を問うことができないとは考えられておらず、いわゆる相当性理論（最大判昭和44・6・25刑集23・7・975（夕刊和歌山時事事件）参照）による調整が行われる。マス・メディアの表現の自由と他の私人のプライバシー権との対立・調整が問題となる場合も同様であって、この場合も、厳格審査基準をパスしない限り不法行為の損害賠償責任を課すことができないとは考えられておらず、一般的には、当該表現が社会構成員の「正当な関心事」であるかに着目しつつ、比較衡量によって調整がなされている。

このように違憲審査基準（目的手段審査）を用いることができる場合と、これを用いることができない場合とがある以上、合憲性の判断の議論に入る前に、問題の事案で違憲審査基準を使うことができるかどうかをもう一度よく考える必要がある。この意味でも、事案の正確な分析というのが重要なのである。

3　違憲審査基準の設定

法令違憲が問題となっている事案では、当該法令の合憲性の判断のために違憲審査基準を用いることができるとして、では、どの違憲審査基準を用いて合憲性を判定すべきか。

まず、違憲審査基準は論者がその任意の基準を自由に設定することができる

という性質のものではなく、とりうる選択肢は自ずから限られているということを肝に銘じる必要がある。例えば、職業選択の自由の制約が問題となっている事案で、突如としていわゆる厳格審査基準（必要不可欠な公共的利益のテスト）を持ちだすことはできないであろう。

　ある事案でどの違憲審査基準を用いるべきかは、**判例または主要な学説に依拠する限り、①制約されている権利がどのくらい重要な権利か**（例えば、表現の自由なのか、経済的自由なのか。なお、このサブ・カテゴリーとして、表現の自由の中でもどのくらい重要な表現が制約されているか（例えば、政治的表現なのか、営利的表現なのか）という問題が存在する）、**②その権利に対する制限はどのくらい強度なものか**（例えば、表現内容規制なのか、表現内容中立規制なのか）**によって、ほぼ自動的に決定される**（小山・前掲書73頁参照）。例えば、表現活動が表現内容中立規制によって制約されているとしたら、その合憲性判断基準は、合理的関連性の基準（猿払基準）（最二判昭和56・6・15刑集35・4・205）か、LRAの基準（芦部信喜（高橋和之補訂）『憲法〔第6版〕』（岩波書店、2015年）202頁）しかありえず、判例または主要な学説に依拠してそれ以外の違憲審査基準を設定することは不可能であろう。

　なお、違憲審査基準の設定に当たって考慮されるべきことがらとして、上記①の権利の重要性、②の制約の強度のほかに、③立法裁量を尊重すべき例外的事情が認められるか（職業選択の自由（営業の自由）を制約する目的が積極目的であるかなど）、④「特殊な文脈における基本権問題である」か（未成年者、外国人、公務員など）が挙げられることがある（小山・前掲書76頁）。しかし、例えば「立法裁量を尊重すべき例外的事情が存するから緩やかな違憲審査基準で足りる」という論法は、一つ間違うと「合憲」という結論を導き出すために緩やかな審査基準を設定するという「結論先取り」の議論に陥りかねず、それゆえ、むやみにこうした論法を用いることはお奨めできない。むしろ、そうしたことがらを考慮に入れるのは、例えばある事情が立法裁量を尊重すべき例外的事情に当たることが判例または主要な学説に照らして確立している場合に限定して考えるのが賢明であろう。

　さて、繰り返しになるが、事案の分析ということを強調してきたのは、当該

25

憲法　事例問題起案の基礎

事案をどのような事案と捉えるかがどの違憲審査基準を用いるべきかという問題と結びついているからであった。違憲審査基準の設定は常に、事案の分析と結びついた形で行わなければならない。「『原告側の主張』と『被告側の反論』において極論を論じ、『あなた自身の見解』で真ん中を論じるという『パターン』に当てはめた答案」（平成23年採点実感）が酷評されるのは、厳格な違憲審査基準、緩やかな違憲審査基準、中間的な違憲審査基準を、原告の主張、被告の反論、私見に無理に嵌め込もうとして、事案とは遊離した形で違憲審査基準の設定がなされているからであろう。「事案の分析をほとんどせずに、直ちに違憲審査基準の議論に移行し、一般論から導いた審査基準に『当てはめ』て、そのまま結論に至るという答案が相当数見られた。このように、審査基準を具体的事案に即して検討せずに、審査基準の一般論だけで……合憲性を判断するのでは、事実に即した法的分析や法的議論として不十分である」（平成21年採点実感）という指摘は、深刻に受けとめる必要がある。

　この点に関連して、違憲審査基準を設定する際にいわば「結論先取り」の議論がなされている答案を目にすることがある。例えば、「本件のような規制は社会的に必要とされているのであって、これを違憲とするのは適当ではないから、厳格審査基準ではなく、中間審査基準を用いるべきである」といった類いの議論である。違憲とするのが適当なのかどうかは違憲審査基準によって判断されるのであり、特定の結論を導くために違憲審査基準の厳格度を上げ下げするというのは、本末転倒のはずである。

　違憲審査基準の設定が多くの場合、①制約されている権利の重要性と②制約の強度とに照らして決定されるというのは、別の言い方をすれば、「違憲審査基準の設定は『類型』に即して行われる」ということなのかもしれない。違憲審査基準は、権利の重要性に着目すれば、例えば、大きな括りで言えば「表現の自由の制約」という類型、括りを細かくしても「営利的言論の制約」という類型、あるいは、規制の態様に着目して、「表現内容規制」という類型ごとに決定される。それゆえ、「なぜ本件でこの違憲審査基準を用いるのか」という理由を書く場合、本件規制に係る個別事情をそのまま用いて違憲審査基準の設定を正当化しようとするのは適切ではなく（そのような論証は「結論先取り」

26

にならざるをえないであろう）、むしろ、本件規制がどのような類型に属するのか、その類型についてこの違憲審査基準を用いるのはなぜなのかを示すべきであろう。

4　比較衡量

　判例は表現の自由の領域においても比較衡量（利益衡量）の手法を用いているので、比較衡量論で起案する場合にはどうしたらいいかにも触れておこう。

　比較衡量とは、一言で言えば、「それを制限することによってもたらされる利益とそれを制限しない場合に維持される利益とを比較して、前者の価値が高いと判断される場合には、それによって人権を制限することができる」とする考え方である（芦部・前掲書102頁）。それゆえ、「制限することによってもたらされる利益」と「制限しない場合に維持される利益」とをそれぞれ指摘したうえで両者の軽重を論じればよいと言ってしまえばそうなのだが、比較衡量による起案はともすると、いろいろな事情を書きすぎて、グダグダな答案になりがちである。

　比較衡量の答案をすっきりと仕上げるためには、何よりも、**判例の比較衡量のやり方を真似するのが一番よい**。最高裁は、比較衡量の手法を用いる際、必ず、どのような要素を考慮に入れるのかを明示し、その要素を一つ一つ検討したうえで結論を下すというやり方をとっている。最二判平成24・12・7刑集66・12・1337（堀越事件）を例にとれば、最高裁は、権利の制限が是認されるかどうかは「〔①〕右の目的のために制限が必要とされる程度と、〔②〕制限される自由の内容及び性質、これに加えられる具体的制限の態様及び程度等を較量して決せられるべきものである」という、最大判昭和58・6・22民集37・5・793（よど号ハイジャック新聞記事事件）の説示を引用したうえで、この①と②の要素について、①「行政の中立的運営を確保し、これに対する国民の信頼を維持する」という目的は「合理的であり正当なもの」であること、②本件罰則規定により禁止されるのは「公務員の職務の遂行の政治的中立性を損なうおそれが実質的に認められる政治的行為」に限られ、それ以外の政治的行為は禁止されないのだから「その制限は必要やむを得ない限度」にとどまっていると言いうる

憲法　事例問題起案の基礎

ことを指摘し、「以上の諸点に鑑みれば、本件罰則規定は憲法21条1項……に違反するものではない」という結論に結び付けている。

比較衡量の手法を用いる際に何を考慮すべきか（つまり、①目的のために制限が必要とされる程度と、②制限される自由の内容及び性質、これに加えられる具体的制限の態様及び程度等を考慮すべきこと）を示した、よど号ハイジャック新聞記事事件の説示は、汎用性が高く（芦部・前掲書102頁によれば、判例における比較衡量論の「典型的な例」であるとされる）、最大判平成4・7・1民集46・5・437（成田新法事件）や最三判平成9・8・29民集51・7・2921（第三次家永教科書訴訟）などでも用いられているので、ぜひとも覚えておくとよい。

なお、本章では法令違憲の主張について検討しているが、比較衡量の手法を用いる際には必ず、どのような要素を考慮に入れるのかを明示し、その要素を一つ一つ検討したうえで結論を下すというやり方がとられるというのは、法令の合憲性が審査される場合に限られない（例えば、最大決昭和44・11・26刑集23・11・1490（博多駅事件）、最三決平成18・10・3民集60・8・2647（NHK記者証言拒否事件）を参照）。

第3節　　違憲審査基準の適用

違憲審査基準（目的手段審査）の当てはめは、立法事実を検討することに基づいて行わなくてはならない。答案の中には、この段階で、当該事案の個別的・具体的な事情（司法事実）をぐちゃぐちゃ書いているものがあるが、司法事実をどうしても考慮したいのであれば、そもそもの憲法上の主張を、適用違憲の主張（第5章参照）に変更するなり、処分違憲の主張（第6章参照）に切り替えるなりする必要があるのであって、客観的・一般的審査による法令違憲の主張の中で司法事実を論じるのは誤りである。

目的審査は、法令の規定の目的が何であるかを必ず明示し、その目的の重要性に関する評価を示すという形で書いていくというのが定石であるといえる。

なお、法令の規定の「目的」は何かを認定するときには、その法令の第1条あたりに「本法の目的」として掲げられた目的を参照するというのが定石であ

28

ろう。しかし、「本法の目的」に安易に頼るのも、考えものである。というのは、「本法の目的」としては抽象的で包括的な漠然とした目的が掲げられるのが常だからである。むしろ、目的を認定する際には、そうした抽象的な目的ないしその法律が究極的に達成しようとしている目的ではなく、問題の規定が直接に目的としているところを、「本法の目的」だけでなく、その法律の規定の構造やその他の立法事実から認定することが必要である。

　また、学生の答案を読んでいると、厳格審査基準を用いる場合であっても、手段審査で勝負をかければいいと考えているのか、安易に「本件規制の目的は必要不可欠であるといえる」と論じるものを目にする。「必要不可欠（compelling）」というのは、本来、単なる「重要」とは異なり、その目的が達成されないとおよそ社会が成り立たなくなるような場合を言うのであって、目的の必要不可欠性をそんなに簡単に「大安売り」していいのかということは――とくに、原告（被告人）の主張を書く場合――再考に値する。

　手段審査も、当該法令の規定がその目的を達成するためにどのような手段をとっているのかを明示し、目的と手段との関連性についての評価を、そのように評価すべき理由も含めて示すという形で書き進めるというのが定石であろう。

　なお、とられている手段が目的達成のために必要最小限度の手段ではないことを論証するに当たり、「より制限的でない他の選びうる手段」が存在することを示すということがあるかもしれない。ただ、そうした他の手段の例を上手く見つけ出すことができればいいが、答案の中には、自分で苦労して捻り出そうとして、およそ現実味がなかったり、かえって問題が大きかったりするようなツッコミどころ満載の代替手段を書いているものを目にすることがある。しかし、こうした場合、問題文に「より制限的でない他の選びうる手段」のヒントが示されていることが少なくないので、ここでも問題文をよく読んで、そのヒントを上手く手段審査に活かすよう心がけたい。

第4節　原告の主張

　公法系第1問の原告の主張、被告の反論および「あなた自身の見解」は、基

29

本的には、本章第1節から第3節までみてきたところを、それぞれの立場に合わせて論じていけばよい。

なお、その際、これらの項目は、そのすべてを同じ調子で丁寧に論じなければならないというわけではない。それらのすべてについて事細かに論じていたら、2時間で答案を書ききれないことは言うまでもない。事案によっては、ある項目については議論の余地があるが、他の項目については議論の余地がほとんどないという場合もありうる。そうした場合は、重要な項目だけを丁寧に論じ、他の項目は簡潔に論じれば十分であろう。解答時間と解答スペースとを睨みながら、**丁寧に論じる必要のある部分と簡潔に論じれば足りる部分とを考えて、答案にメリハリを付ける**ことを目指したい。

以下、原告の主張、被告の反論および「あなた自身の見解」を書くに当たって注意すべき点だけをそれぞれ述べる。

原告（被告人）の主張は、違憲審査基準を用いて、自らの権利の侵害の原因となっている法令の規定は違憲であると論証することになる。違憲であることを論証するためには、違憲審査基準は厳格な基準である方が有利なことは言うまでもなく、先に示したところに従って、判例または主要な学説に照らして理論的に可能な基準のうちから、厳格なものを選んで主張することになろう。

ところで、法科大学院生の答案を読むたびに気になるのは、例えば、「本件原告の利益は表現の自由の保障の範囲内にあり、かつ、本件法律の規定は表現の自由を制約するものである」と書いた後で、違憲審査基準を用いた論証の前置きとして、いわば枕詞のように決まって、「しかし、表現の自由といえども、無制限に保障されるものではなく、『公共の福祉』（憲法12条、13条）による制約を受ける」と書いてくる点である。

確かに、表現の自由も一定の制約を受けることがあるという命題そのものは誤りではない。しかし、問題は、これを「原告の主張」として書くかどうかである。設問1は、客観的・中立的な記述をすることが求められているわけではない（そのような記述は、設問2の「あなた自身の見解」の中ですべきものであろう）。設問1ではむしろ、原告にとって有利になるような（主観的な）主張をすることが求められているはずである。そういう観点からみたとき、原告

にしてみれば表現の自由を無制限に保障してくれた方がありがたいはずで、「制約を受けるのはやむをえない」などということは、原告が声高に言う必要はないのではないか。

　これはレトリックの問題といえばそうなのだが、原告の主張の書き方としては、「表現の自由も『公共の福祉』による制約を受けうることは否定できないとしても、表現の自由が個人の人格の形成にとって、あるいは国民の自己統治にとって有する重要性に鑑みれば、表現の自由の制約が合憲かどうかは厳格に審査しなければならない」という「譲歩」の形でなければおかしいであろう。そして、この文章の力点も、「制約を受けうる」というところにあるのではなく、「厳格に審査しなければならない」というところにあるはずである。

第5節　被告の反論および「あなた自身の見解」

　被告（検察官）の反論についても、第4節で述べたところと大きくは変わらない。今度は、問題の法令の規定は合憲であると言いたいわけだから、判例または主要な学説に照らして理論的に可能な基準のうちから緩やかなものを選んで主張すると想定することになろう。

　「あなた自身の見解」については、再度、第1章第4節を参照されたい。要点を繰り返せば、私見において常に原告の主張とも被告の反論とも異なる第三の見解を書かなければならないというわけではなく、しかも、判例または主要な学説に依拠する限り、そうそう都合よく原告の主張とも被告の反論とも異なる違憲審査基準を導き出すことができない以上、無理をしてまで第三の違憲審査基準を書く必要はない。

　ところで、「マニュアル答案」「予備校答案」と呼ばれる答案では、中間審査基準で私見を書くことにこだわった答案が多いように見受けられる。その原因としては、予備校でそう教えられたとか、「第三の道」を書かなければならないと思い込んでいたとかいうことがあるかもしれないし、また、中間審査基準は結論を合憲・違憲のどちらにももっていくことができるようにみえて答案作成上都合がいいと考えたということがあるのかもしれない。

31

憲法　事例問題起案の基礎

　しかし、主要な学説、とりわけ芦部説をみる限り、中間審査基準を用いるべきとされる場面はそこまで多くはないように思われるうえ、中間審査基準の当てはめは意外と難しいということに留意すべきである。

第6節　　三段階審査論

　本書は違憲審査基準論を前提にして説明している。ただ、「三段階審査論」にも言及しているので（第1章第2節6および本章第1節参照）、ここで三段階審査論とは何かについて補足しておこう。

1　三段階審査論の意義

　違憲審査の手順（論証の手法）としては、違憲審査基準論のほかにも、ドイツの憲法裁判所で用いられてきた三段階審査論（「ドイツ流の段階理論」（平成26年出題趣旨）や「ヨーロッパ型の議論」（平成28年出題趣旨）と呼ばれることもある。）がある。三段階審査とは、第一に、基本権によって保障された行為・状態の領域を画定する段階（基本権の保護領域）、第二に、基本権の保護領域に介入し、基本権を制約する国家行為を確認する段階（基本権の制約）、第三に、その基本権の制約を憲法上の要件に照らして正当化できるかどうかを問う段階（制約の憲法的正当化）という三つの段階を踏んで審査していく手法をいう（渡辺康行ほか『憲法Ⅰ基本権』（2016年、日本評論社）60頁、小山・前掲書4頁、駒村圭吾『憲法訴訟の現代的転回』（日本評論社、2013年）71頁以下）。三段階審査は主として、憲法の保障する権利・自由に対して国家が制約を加える場合（防禦権）を念頭に置いて構成されている。例えば、生存権や平等の適合性審査について、三段階審査はなじまないことに注意を要する（渡辺ほか・前掲書82頁以下、小山・前掲書5頁、駒村・前掲書83頁）。

　昨今、日本で三段階審査論が主張される背景には、ドイツの三段階審査や比例原則の枠組で日本の判例を読み解く方が、アメリカの審査基準論の枠組みよりは、より正確に判例分析を行いうるのではないかとの考えがあるとされている（高橋和之『体系憲法訴訟』（2017年、有斐閣）23頁）。

2　三段階審査の手順

　三段階審査においては、第一段階として、実定憲法が定める権利条項の解釈の結果、憲法が想定する保護領域（保護範囲）が画定され、当該事案で問題となる自由ないし利益がその保護領域の中に入るか否かが問題になる。第二段階として、その保護領域内にある自由ないし利益に対する国家の介入行為が基本権の制約と評価されるか否かが問われる。そして、基本権の制約の有無のみならず制約の強度も判断され、憲法上の権利の重要性との相関関係から、正当化の審査密度の振り分けも行われる（審査密度設定機能）。第三段階として、基本権の制約は原則として許されず、比例原則を中心とした審査によって例外的に制約が正当化されるかが問われる。

　第1章第2節6で述べたとおり、保護領域と制約の判断は、違憲審査基準論でも当然の前提としている（松本哲治「審査基準論と三段階審査」曽我部真裕ほか編『憲法論点教室』（日本評論社、2012年）19頁）ので、結局、三段階審査論と違憲審査基準論の違いは、合憲性判断枠組みとして、利益衡量による正当化の枠組みにおいて審査密度が類型的に決まらない比例原則を用いるか、二重の基準を前提とした違憲審査基準を用いるかの違いである。

3　比例原則

　三段階審査における正当化の判断は、まず、国家の介入行為に法的根拠があるか否かを問う「形式的正当化」と、比例原則によって審査される「実質的正当化」に分かれる。

　形式的正当化では、委任立法の限界、法律と条例の関係（第9章参照）、規範の明確性（第7章第2節参照）などが問題になる。

　他方、実質的正当化では、「比例原則」を用い、①制約の目的が正当な利益を保護しているか（目的審査）、②制約の手段が目的に照らして正当といえるか（手段審査＝比例審査）を判断する。②の審査では、具体的には、ⅰ）規制手段が規制目的と合理的に関連しているか（適合性）、ⅱ）規制手段が規制目的の達成にとって必要最小限度であるか（必要性）、ⅲ）規制手段の投入によって得られる利益と失われる利益が均衡を保っているか（狭義の比例性）を判断

憲法　事例問題起案の基礎

する（渡辺ほか・前掲書76頁、小山・前掲書70頁）。比例原則の適用には、緩やかなものと厳しいものがあり（審査密度）、重要な権利に対する強力な制限であれば、特段の事情がない限り、比例原則が厳格に適用される。

4　比例原則と違憲審査基準との接合可能性？

　争いはあるが、比例原則の審査密度を厳格審査、厳格な合理性の審査（中間審査）、合理性の審査という違憲審査基準の段階と結びつけることは可能である（駒村・前掲書100頁以下など）。例えば、小山教授は、判例の審査基準と比例原則・審査密度の対応を次のように整理している。ⓐ厳格な合理性の審査→重要な公益の保護が目的であること、手段が単に適合的なだけでなく、他の手段との比較において、必要であることが要求される（手段審査が厳格に行われる点では、厳格な合理性とより制限的でない他の選びうる手段（LRA）は、観点において異ならない）。ⓑ明らかな差し迫った危険の基準→比例原則のうちの狭義の比例性に特化した審査である。ⓒ最大判昭和49・11・6刑集28・9・393で示された合理的関連性の基準（猿払基準）→目的・手段・均衡の3点を審査し、手段の適切性が規制目的との関連性のみで審査され、手段の必要性は審査されない緩やかな審査基準である。ⓓ明白性の原則→合理的関連性の基準よりさらに緩やかな基準である（小山・前掲書77頁以下）。

　いずれにしても、三段階審査論で答案を書く場合、「比例原則での個別的比較衡量を選択するのならば、なぜあらかじめ基準を立てない比例原則を採るのか、比例原則で何をどのように比較衡量するのかについて、それらがきちんと説明されていなければならない。比例原則の場合にも、その原則自体が個別的比較衡量であるので、事案の内容に即した個別的・具体的検討が必要である」（平成22年採点実感）。

第3章　積極的権利に対する違反の合憲性審査
第1節　総　説

1　基本的な構造

　まず、確認しておかなければならないのは、積極的権利に係る違憲審査に関して、防禦権の場合のような論証の規格化は確立していないということである（宍戸常寿『憲法　解釈論の応用と展開〔第2版〕』（日本評論社、2014年）167頁）。例えば、表現の自由の場合であれば、前章でみたように、「問題提起（保護範囲、制約）→違憲審査基準の設定→当てはめ」という規格化された論証方法が存在する。それゆえ、論証に少々雑なところがあったとしても、採点者は、答案用紙に記載されたところが何を言いたいのかを見失うことはないのかもしれない。しかし、積極的権利のように規格化された論証方法が存在しない場合には、論証に雑なところがあれば、採点者は、解答者が何を言いたいのかをまったく理解できなくなる。それゆえ、積極的権利が問題となる場合には、防禦権の場合以上に丁寧な論証を心がける必要がある。

　さて、生存権のような積極的権利の保障に対する違反が問題となる場合には、少なくともそのままの形では違憲審査基準（目的手段審査）を用いてその合憲性を判断することはできない。なぜなら、一般に「積極的権利に対する違反は、国家の不作為（完全な不作為および作為義務の不十分な履行）によって生じ」るのであり（小山剛『「憲法上の権利」の作法〔第3版〕』（尚学社、2016年）121頁）、不作為についてその目的や手段に着目した議論はできないからである。

　それゆえ、「積極的権利の審査は、基本的には、作為義務の内容は何であるかの確認と、国による作為義務履行の程度（完全な不作為の場合を含む）が憲法の要請する最低限度を下回っていないかの確認という、2段階で行」うというのが基本になる（小山・前掲書同頁）。生存権を例にとれば、まず、①国家の作為義務の内容として「健康で文化的な最低限度の生活」とは何かを確認し、②生活保護法および生活保護基準（この基準は厚生労働大臣が定めるものとされ（生活保護法8条1項）、「告示」という形式で行われる。）並びにそれらに基づいてなされた行政処分が、①で確認した作為義務を下回っていないかを確

35

憲法　事例問題起案の基礎

認することによって合憲性の判断を行うことになる。

2　明白性の原則

　とはいえ、生存権の保障については、いわゆる「二重の未確定性」（小山・前掲書117頁）ゆえに、どこまで広く認めるのかはともかくとして、立法裁量を認めざるをえない。それゆえ、上記の 2 段階の審査においても、「基本的には、明白な違反のみが違憲になるという緩やかな基準で行われる」とされる（小山・前掲書122頁）。

　この点、判例も、「著しく合理性を欠き明らかに裁量の逸脱・濫用と見ざるをえないような場合を除き、裁判所が審査判断するのに適しない」とする合憲性判断枠組み（明白性の原則）を用いている（最大判昭和57・7・7民集36・7・1235（堀木訴訟））。この判断枠組みは、「生存権訴訟の先例としての地位を確立している」（大石眞=大沢秀介『判例憲法〔第 3 版〕』（有斐閣、2016年）233頁（尾形健執筆））と言われ、それゆえ、答案作成上も、一方の当事者の主張、とりわけ被告の反論として利用することができるであろう。

　しかしながら、明白性の原則は、「このような広い裁量を認めてしまうと、実質的にみてプログラム規定説の採用とほとんど違いがない」（野中俊彦ほか『憲法Ⅰ〔第 5 版〕』（有斐閣、2012年）506頁（野中俊彦執筆））とも言われており、生存権に対する違反を主張する原告にとっては、この判断枠組みを前提にする限り、およそ「勝ち目」はないことになる。それゆえ、**原告の主張を考えるに当たっては、生存権を具体化する政治部門の裁量を何らかの方法で統制しようとする種々の学説を参照することが必要になる**のである。

3　防禦権的構成

（1）防禦権的構成とは何か

　第一に、積極的権利の違反が問題となっているにもかかわらず、あたかも防禦権が問題となっているかのように問題を再構成しなおすことによって、目的と手段とに着目して積極的権利の「制約」の合憲性を判断することを可能にするという方法がありうる。

36

第 3 章　積極的権利に対する違反の合憲性審査

　繰り返しになるが、積極的権利が問題となる場合に違憲審査基準を使うことができないのは、その違反は基本的には立法府が不作為によって、十分な具体化をしていないということが原因となっているからであった。不作為についてその目的とか手段とかいった事柄を論じることはできないのである。しかし、積極的権利の違反が国家の作為によって生じているという論理構成ができるとしたら、積極的権利を「制約」する作為の合憲性を、目的と手段とに着目して判断することが可能だということになろう。

　この巧妙な「問題の転換」こそが、防禦権的構成の基本的な発想である。では、どのようにして「問題の転換」をすることができるのか。

（2）原則－例外関係が観念できる場合

　積極的権利の違反の問題を作為による権利侵害の問題に再構成することが可能な場面として、第一に、「具体的文脈に依存した形で原則―例外関係が観念できる場合」が挙げられる（小山・前掲書123頁）。この学説によれば、具体性が低い権利が問題となっていても、法律による具体化が行われた結果、給付を行うことが原則とされる場合があるとされ、例外的に給付を制限することがありうるとしても、その際の立法裁量は狭くなるとされる。そして、そのような制限が許されるかどうかは、その給付を制限するという作為の目的および手段の双方について合理性を審査することを通じて判断されることになる。

　このような場合の例として、最大判平成14・9・11民集56・7・1439（郵便法違憲判決）が挙げられる。本件では、国家賠償法によって具体化された国家賠償請求権にかかわらず、郵便法旧68条および旧73条によって国の賠償責任を免除ないし制限することの合憲性が争われた。この事件で、最高裁は、「公務員の不法行為による国又は公共団体の損害賠償責任を免除し、又は制限する法律の規定が同条に適合するものとして是認されるものであるかどうかは、……当該規定の目的の正当性並びにその目的達成の手段として免責又は責任制限を認めることの合理性及び必要性を総合的に考慮して判断すべきである」と、あたかも国家賠償請求権が防禦権であるかのように論理構成し、これを制限する国家行為の合理性をその目的と手段とに着目して判断する考え方を示している。

　このように、「給付を行うことが原則、これを制限することは例外という関

37

憲法　事例問題起案の基礎

係が成り立つ」場合には、「積極要件について裁量が広く認められるとしても、消極要件についての裁量はそれよりも狭い、との立論は可能」であり（小山・前掲書125頁）、消極要件を設けるという国家の作為の合理性は目的と手段とに着目して判断すべきものとされるのである。

（3）制度後退禁止原則

　防禦権的な構成がなされうる第二の場面として、制度の後退が問題となる場面がある。一部の学説は、例えば社会保障関係法令に基づいてその給付水準が一旦定められたときは、正当な理由なくしてその水準を廃止・後退させることは許されないと説く（制度後退禁止原則）。例えば、ある学説は、「具体的立法によってなんらかの給付がなされている場合には、その給付の行われる状態をベースラインとすべきであり、その給付を受ける地位を国が正当な理由もなく剥奪することは憲法違反となる」と説く（長谷部恭男『憲法〔第7版〕』（新世社、2018年）287頁）。この考え方もまた、「現在の給付の状態が、これを後退させるという国家の作為によって侵害される」という一種の防禦権的論理構成によるものとみることができるのかもしれない（なお、宍戸・前掲書172頁は、減額措置を「制約」と捉える考え方が成り立つならば「三段階図式に復帰する芽も生まれそう」だと述べ、こうした考え方も理屈としてはまったくありえないわけではないことを示唆する）。

　この制度後退禁止原則という考え方は、原告の主張の中で利用する限りは、有用な考え方ということができるかもしれない。

　ただ、被告の反論および私見の中でこれを使おうとするときには、制度後退禁止原則に対しては、次のような指摘・批判があることを知っておくべきであろう。第一に、なぜ現在の給付の状態がベースラインとされるかが明らかではないという批判がある。生存権を例にとれば、憲法が要求しているのは「最低限度の生活」である。それゆえ、その「最低限度の生活」を超えると立法者が判断した部分についても制度を後退させることは許されないと説くのは、一種の既得権擁護論にすぎないと批判される。

　また、制度後退禁止原則論は、現在の制度を定めた過去の立法者の政治的判断によって現在の立法者を拘束しようとする論理であるといえる（小山・前掲

38

第 3 章　積極的権利に対する違反の合憲性審査

書126頁参照）。しかし、そもそも過去の立法者が生存権を具体化する法律を制定する際に裁量を有していたのだとすれば、現在の立法者も、制度を後退させるのか、向上させるのかについて裁量を有していると考えるべきであり、過去の立法者の政治的判断が現在の立法者の判断を拘束するという考え方は正しくないという批判がなされる。

　結局、仮に制度後退禁止原則という考え方を受け入れるとしても、およそ制度の後退は許されないと説くことは実際的ではなく、「法令・基準がある基準額を最低限度の生活として設定した以上は、その減額は最低限度の生活水準を下回ることになる蓋然性が高いので、裁判所が事実に即して実質的に審査すべきである」（宍戸・前掲書173頁）と、審査密度の深化が求められるにとどまるというのが、おそらく中庸を得た立場であろう。

　　制度後退禁止原則についてこのように（やや冷淡な）説明をすると、制度後退禁止原則に対してなされているような批判は、なぜ 3（2）で紹介した「原則―例外関係が観念できる場合」に対してはなされないのか――「原則―例外関係が観念できる場合」についてはそれらの批判が成り立たないのだとしたら、制度後退禁止原則についても同様にそれらの批判は成り立たないのではないか――という疑問をもつかもしれない。

　　この点は、どの積極的権利が問題となっているかによって違いがあるということなのかもしれない。「原則―例外関係が観念できる場合」の例として小山・前掲書123頁が挙げるのは国家賠償請求権であり、国家賠償請求権は比較的具体性が高い権利だということができる。それに対し、制度後退禁止原則が説かれるとき例として持ち出される生存権は、国家賠償請求権に比べれば具体性が低い権利である。この問題につき、小山・前掲書124頁は、次のような説明をしている。すなわち、「〔国家賠償請求権の場合〕『原則』が存在するため、国家賠償請求権は、確定性が高いのである。……〔これに対し〕生存権については、そのような『原則』を観念することは難しい。憲法の要求する生活の水準についても、その実現手段についても未確定性が残るためである」、と。

　　それゆえ、積極的権利が問題となるとき、その確定性が高い場合には、制度後退禁止原則を用いるよりは、「原則―例外関係が観念できる場合」に当たるとして考えることになろう。反対に、積極的権利の確定性が低く、「原則―例外関係が観念できる場合」に当たると考えることができないときは、制度後退禁止原則の議論に持ち込まざるをえないが、

39

憲法　事例問題起案の基礎

もともと確定性が低い権利が問題となっている以上、立法裁量論による批判を受けることは避けられないということであろう。

4　判断過程審査

　積極的権利を具体化する政治部門の裁量を統制する方法として、第二に、判断過程審査の手法を用いるという方法がある。この方法は、従来行政法の分野で行政裁量を統制するための手法として用いられてきた判断過程統制の手法を、立法裁量の統制にも用いようとするものである。

　そして、「原則—例外関係が成り立つ防御権の事例とは異なり、原則として立法裁量を尊重せざるを得ない領域では、裁量過程統制型は、裁判所による実効的な統制を可能ならしめる有力な手法として肯定されるべき」で（小山・前掲書185頁）、この手法は「生存権のように（それ自体は立法裁量が広い）実体的権利について……用いることができる」（同書187頁）とされる。

　とはいえ、判断過程審査という手法は、実際にこれを用いて答案を書いてみると、思いのほか難しいはずである。特に、原告の主張と被告の反論とをこれで書き分け、さらに私見もこれで書こうとすると、原告に主張させたところに自分でも反論できなくなってしまったり、原告の主張以上に私見で書くことがなくなってしまったりしがちである。この点は、第1章第4節でも触れたように、公法系第1問が「一人三役」を演じるよう求めていることに由来する難問である。

　その意味で、生活保護に係る老齢加算の廃止についての福岡高判平成22・6・14判時2085・76と最三判平成24・2・28民集66・3・1240とは十分に分析しておきたい。この二つの判決は、生活保護法56条の「正当な理由」の解釈は異なるが、結局のところ、いずれも生活保護基準の実体的水準について判断過程審査によって検討を加えたものとみることができ、にもかかわらず、老齢加算の廃止が裁量権の逸脱または濫用に当たるか否かについて、結論を異にしているからである。それゆえ、これらの判決がどのようにして原告を勝たせたのか、あるいは被告を勝たせたのかを分析しておくことは、判断過程審査の手法を用いて原告の主張と被告の反論とを書き分けようとするうえで大いに参考になる。

第 3 章　積極的権利に対する違反の合憲性審査

　いずれにせよ、判断過程審査で議論を展開するときは、①立法事実を丁寧に拾い、②それぞれの立法事実がどのような意味を有するのかを分析し、③それぞれの立法事実がどうして原告または被告にとって有利または不利になるのかを明確に示して、論旨が採点者に伝わるような明快な議論を展開することを心がけたい。

5　平等原則違反

　以上の防禦権的構成および判断過程審査の手法は、あくまでも、積極的権利それ自体の問題として当該事案を考えようとするものである。これに対し、**事案によっては、平等原則違反が問題となっている事案という論理構成をすることもできる**（尾形健「生存権保障」曽我部真裕ほか編『憲法論点教室』（日本評論社、2012年）148頁）。実際、堀木訴訟（前掲）や学生無年金訴訟（最二判平成19・9・28民集61・6・2345）では、憲法25条違反の主張のほか、14条違反の主張もなされていた。

　ここでは、積極的権利に係る取扱いの差異に着目して平等原則違反の主張をするという方法もありうるということを指摘するにとどめ、平等原則違反の主張を答案上どのように書くべきかについては、第4章に譲る。

第2節　　原告の主張

　第1節1で説いたところの繰り返しになるが、この領域では防禦権の場合ほど「定番」の論証方法が存在せず、また、学説が主張する論証方法も——少なくとも実務家には——必ずしも広く知られているわけではない。その結果、積極的権利の違憲審査は、一つ間違うと、何を言いたいのかをまったく理解してもらえないおそれがあり、くれぐれも丁寧な論証を心がける必要があることを、再度強調しておきたい。

　第1節3で紹介した防禦権的構成を用いて答案を書く場合、まず、当該事案は国家の作為によって積極的権利が制約されている事案と再構成することができることを、具体的かつ明確に指摘しなくてはならない。そして、国家の作為

41

憲法　事例問題起案の基礎

が問題となる以上、目的と手段とに着目して合憲性を判断することができるということを、明示的に論じる必要があろう。この二つをきちんと書いておかないと、採点者には、また例のパターン化された予備校答案だと誤解されるおそれがある。また、第1節3（2）で紹介した「原則―例外関係が観念できる場合」の議論を用いて答案を書く場合には、郵便法違憲判決がそうした考え方を採っている（採っているとみることができる）ことに明示的に言及しておいた方がよいかもしれない。

このことは、判断過程審査についても当てはまる。今後、立法裁量を判断過程審査で統制するという手法は判例上も一般的になっていくのかもしれないが、少なくとも現時点では、社会保障給付の実体的水準の設定における裁量を、判断過程審査の手法を用いて統制しようとする場合、最高裁判例（老齢加算の廃止に関する最三判平成24・2・28（前掲））もこの手法を採っている（採っているとみることができる）と明示的に指摘しておくことが無難である。

平等原則違反という論理構成で原告の主張を書こうとする場合、14条1項後段列挙事由による取扱いの違いが問題になっていなくても、生存権ないし福祉受給権が問題となっている場合には、平等原則違反の違憲審査基準の厳格度を上げるべきだとする学説があることを覚えておくとよい。すなわち、「社会的弱者である少数者に対して主として保障される福祉受給権は、人間の尊厳に直接かかわる『生きる権利』そのものであるから、立法府に裁量が認められるといっても、立法目的と立法目的達成手段との間に実質的な合理的関連性が存することを求める『厳格な合理性』基準による司法審査に準ずる審査が必要である」（芦部信喜『憲法学Ⅲ人権各論(1)〔増補版〕』（有斐閣、2000年）30頁。また、同書85頁も参照）とする学説である。

第3節　被告の反論および私見

第1節で触れたことのほか、被告の反論および私見を書くために知っておくべきことを挙げるとすれば、次の通りである。

「原則―例外関係が観念できる場合」の議論を用いて原告の主張を書いたの

だとしたら、被告の反論としては、①そもそも本件で問題となっている権利についてはそのような「原則」は観念できないという反論と、②本件の「制約」については目的・手段とも合理性があるという反論とがありうることは、言うまでもない。

　原告に制度後退禁止原則を主張させた場合、「制約」の目的・手段には合理性があると反論する以外にも、3（3）で紹介した批判を知っていれば、そもそも制度後退禁止原則という考え方そのものに無理があると反論することもできよう。

　最後に、平等原則違反の主張を原告に主張させ、その際、厳格な基準で審査すべき旨を言わせた場合、それに対する反論としては、別異取扱いの合理性は生存権の実体的な保障の合理性の問題とは切り離して、憲法14条に固有の合理性の問題として考えるべきだ（それゆえ、14条1項後段列挙事由に基づく別異取扱いでない場合には、合理的関連性の基準で審査すべきことになる）という反論（安西文雄ほか『憲法学読本〔第2版〕』（有斐閣、2014年）224頁（巻美矢紀執筆）参照）がありうる。

第4章　平等違反の合憲性審査
第1節　憲法問題の提起

1　二段階の論証形式

　第4章では、**14条1項適合性を法令違憲の主張で争う場合**の答案の書き方を検討する。

　14条1項適合性を判断する場合、自由権（防禦権）を制約する法令の合憲性審査（第2章）と異なり、①別異取扱い（区別の有無）→②正当化（合憲性判断）という二段階の論証形式になると説かれる（小山剛『「憲法上の権利」の作法〔第3版〕』（尚学社、2016年）107頁、渡辺康行ほか『憲法Ⅰ基本権』（日本評論社、2016年）137頁）。この論証形式の違いは、平等が比較概念であり、客観法規範という性質をもつことを反映している。ただし、いずれの場合も、事例において問題となる憲法規範の内容を明らかにして、合憲性判断の対象となる法令の違憲性を問題提起する点では違いがなく、過度に神経質になる必要はない。

　答案としては、①14条1項が要請する平等の内容および14条1項の趣旨→②区別の内容確定および14条1項適合性という問題の提起→③合憲性判断枠組みの設定→④判断枠組みの適用による合憲性判断という構成になる。なお、①と②の順は、逆になってもよく、固定しているわけでない。例えば、別異取扱いが一見して明らかな規定の場合、区別であることを述べた上で、14条1項論に入るという答案構成もある。

2　「法の下に平等」が要請する内容と14条1項の趣旨

　答案の本論においては、14条1項が定める「法の下に平等」が要請する内容を明らかにして、14条1項の趣旨を述べることが不可欠である。

　14条1項の「法の下に平等」が要請する内容は、次のように定義できる。第一に、「法の下」の平等は、法適用の平等に加えて法内容の平等を要請する（立法者拘束説）。法令の14条1項違反を主張する場合、法内容の平等は主張の前提となるので、一言触れておくとよい。なお、処分違憲（第6章参照）が問題

になる場合、「『法の下』の意義（法適用の平等に尽きるか、法内容の平等も含むのか）については……論じる必要がないと考えられる」（平成27年採点実感）。第二に、最も明確にしなければならない点として、**14条1項の「平等」は、各人の事実上の差異に対応して異なった法的取扱いを認める平等（相対的平等）であり、「同一の事情と条件の下では均等に取り扱うこと」**（芦部信喜（高橋和之補訂）『憲法〔第6版〕』（岩波書店、2015年）130頁）を要請する。第三に、14条1項は裁判規範としては、取扱いの平等（形式的平等）を要請し、取扱いの結果生ずる事実上の不平等を是正すること（実質的平等）までは要請しない。

　これらの「法の下に平等」の要請に照らすと、14条1項は「事柄の性質に即応した合理的な根拠に基づくものでないかぎり、差別的な取扱いをすることを禁止する趣旨」の規定である（最大判昭和48・4・4刑集27・3・265（尊属殺重罰規定違憲判決）など）。したがって、**ある区別が14条1項に反しないかは、＜均等に扱うべき者の間における別異取扱いが合理的区別として憲法上許容されるか＞という問題として提起することが基本になる**（以下、「基本の問題設定」という）。

　なお、14条1項の趣旨を述べる答案は多い一方、「法の下に平等」の意味を述べる答案は意外に少ないと思われる。14条1項の「法の下に平等」の要請内容から同項の趣旨が導かれることを明確に記述すべきである。

3　区別の存在

　続いて、基本の問題設定に即して、**合憲性判断の対象になる「均等に扱うべき者の間における別異取扱い」（以下、「区別」という）が存在していることを明らかにする。**14条1項適合性は事例問題に含まれる問題点が思い浮かばないときに苦し紛れに問題提起しがちであり、区別の有無については事例解析能力が特に問われ、かつ、問題によっては合憲の反論として＜本件においては区別がない＞という反論も想定し得るから、出題趣旨を正確に読み取り、区別の内容を明確に述べる必要がある。留意点は以下の通りである。

（1）比較可能な第三者の存在

　区別は、違憲を主張する者が属する範疇と比較可能な第三者の範疇との間に

存在しなければならない（小山・前掲書107頁）。範疇間における別異取扱いを明記する規定（例えば、殺人罪と尊属殺人罪の法定刑〔刑法199条、旧200条〕、嫡出子と嫡出でない子の法定相続分〔民法旧900条4号〕）では、比較可能な第三者の特定は容易である。また、平成27年司法試験公法系第1問のように、比較する範疇が問題文中に指示されている場合は、指示に従えばよい。ただし、特定の範疇に属する者の例外的取扱いを定める規定（例えば、児童扶養手当の併給禁止〔児童扶養手当法旧4条3項3号〕、届出による国籍取得の準正要件〔国籍法旧3条1項〕）に関しては、誰と誰との区別であるかの設定に注意を要する（なお、処分の14条1項適合性を論ずる場合にも同様の問題がある）。特に判例がある事案では、いかなる範疇の間の区別が合憲性判断の対象になっているかを正確に理解しておくこと。また、条例における地方公共団体間の差異のように原則として比較可能と認められない範疇もある（最大判昭和33・10・15刑集12・14・3305）。したがって、「自治体による別異の取扱いに関しては、それを合憲とした先例（最大判昭和33年10月15日）があるが、その先例と本問の事案とは異なること〔筆者註:判例の射程および事案の異同〕を踏まえて検討する必要がある」（平成22年出題趣旨）。

（2）他の人権制約との競合

合憲性判断の対象が区別と構成できると同時に他の人権制約とも構成できるときは、人権の競合の問題として処理し、答案構成する（詳しくは、小山・前掲書105－106頁参照）。最低限のポイントのみを挙げておく。

第一に、生存権（憲法25条）との競合に関しては、「事案によっては、平等原則違反が問題となっている事案という論理構成をすることもできる」（第3章第1節5参照）。25条と14条1項とでは異なる観点から適合性の問題を提起し得るからである。つまり、25条においては給付の水準が問題になるのに対して、14条においては給付における取扱いの差異が問題になる。この場合、それぞれの合憲性を並列して論述することになる。

第二に、合憲性判断の対象が自由権に対する制約と構成でき、自由権の制約でないことについて説得的反論も想定できない場合は通常、14条1項適合性という問題を提起する必要は乏しい。したがって、条例が定めるタクシー運行の

47

憲法　事例問題起案の基礎

許可要件の合憲性が争われる事例に関して「自由権侵害の合憲性審査との相違点を曖昧にしたまま、憲法第14条違反を書いている答案……は、平等原則の理解が不十分であることに由来するものと考えられ、積極的な評価につながらない」（平成26年採点実感）。

（3）間接差別

　規定自体から別異取扱いが判然とする場合を別として、**特定の範疇に属する者（事実類型）についてのみ定める規定および複数の範疇からの選択決定を義務付ける規定が区別にあたるかは慎重に検討すべきである。**判例はこれらの規定を区別とするのに慎重な立場であると解される。例えば、①出生届における嫡出子または嫡出でない子の別の記載（戸籍法49条2項1号）の「規定それ自体によって、嫡出でない子について嫡出子との間で子又はその父母の法的地位に差異がもたらされるものとはいえない」（最一判平成25・9・26民集67・6・1384）とし、②夫婦同氏制（民法750条）は「文言上性別に基づく法的な差別的取扱いを定めているわけではなく」、「それ自体に男女間の形式的な不平等が存在するわけではない」とする（最大判平成27・12・16民集69・8・2586）。

　ただし、**規定の内容は一見中立的であるが、当該規定を平等に適用しても特定の範疇に属する者だけが不利となる場合、当該規定を区別と構成して、その違憲性を問題提起することは考えられる。**これは**間接差別**という問題である。間接差別に係る憲法解釈については、現在のところ定説はないが、今後14条1項に関する重要な解釈問題になると思われる（詳しくは、安西文雄「間接差別と憲法」明治大学法科大学院論集20号（2017年）1頁以下など参照）。間接差別およびその事実上の効果の是正については、夫婦同氏制に関する前述の判例が以下のように判示したことにも注意したい（引用中の波線は筆者）。

　　「氏の選択に関し、これまでは夫の氏を選択する夫婦が圧倒的多数を占めている状況にあることに鑑みると、この現状が、夫婦となろうとする者双方の真に自由な選択の結果によるものかについて留意が求められるところであり、仮に、社会に存する差別的な意識や慣習による影響があるのであれば、その影響を排除して夫婦間に実質的な平等が保たれるように図ることは、憲法14条1項の趣旨に沿うものであるといえる。そして、この点は、氏を含めた婚姻及び家族に関する法制度の在り方を検討するに当たって考慮すべき事項の一つというべきであり、……憲法24条の認める立法裁量の範囲を超えるものであるか否か

第4章　平等違反の合憲性審査

の検討に当たっても留意すべきものと考えられる。」

第2節　合憲性の判断

1　合憲性判断枠組みの設定

（1）芦部説および特別意味説

　合憲性判断枠組みの設定に際しては、芦部説が受験テクニックとしてこれまで比較的多用されてきたと思われる。この説は、①14条1項が定める「人種、信条、性別、社会的身分又は門地」という差別禁止事由に特別な法的意味を認め（特別意味説）、当該事由による区別の違憲審査基準は、人種や信条については厳格審査基準、性別や社会的身分については厳格な合理性の基準を設定し、②当該事由以外の事由による区別の違憲審査基準は、二重の基準論に基づき、区別される権利の性質を考慮して設定するというものである（芦部・前掲書131−132頁、134頁）。

　特別意味説をとると、①差別禁止事由が例示にとどまるか（とどまると解するのが例示説であり、判例の立場である。）、または特別な法的意味をもつか、②合憲性判断の対象となる区別が差別禁止事由による区別にあたるかについての解釈が、合憲性判断枠組みの設定において決定的な考慮要素となる。

　併せて、特別意味説をとる場合に限らず、区別が差別禁止事由によるものかを論述する際は、それぞれの事由の定義を述べた上で、問題における具体的事情を考慮して差別禁止事由による区別にあたるかを述べる必要がある。「社会的身分」のように、例示説と特別意味説とで定義が異なるものは特に注意したい。

（2）判例

　今日の判例は、14条1項が定める差別禁止事由について例示説に立った上、「区別に『合理的な根拠』（尊属殺重罰規定違憲判決等）があるかどうかについて、立法府に合理的な範囲の裁量判断が認められることを前提にして、事案に応じた判断枠組みの下で合理性判断をしており、多くは、立法目的及び目的達成のための手段の合理性を具体的に検討して判断するという判断枠組みを示し、

49

憲法　事例問題起案の基礎

立法裁量の範囲の広狭に関わる検討要素として、当該区別の事由や区別の対象となる権利利益の性質とその重要性を総合的に考慮するという判断方法を採っている」（加本牧子「時の判例」ジュリスト1490号（2016年）88頁以下、90頁）。

　この理解を前提にして、区別が「合理的根拠に基づくものであるか」（尊属殺重罰規定違憲判決など）を判断する具体的な合憲性判断枠組みとして**判例の思考形式を借りて違憲審査基準を設定する場合、合憲性判断の対象となる法制度ないし事実類型ごとに「区別の事由や区別の対象となる権利利益の性質とその重要性」といった「事柄の性質」と、区別をもたらす制度に関する立法裁量の広狭とを考慮して、合理性の基準をベースとしつつ、厳格な合理性の基準から明白性の原則までの間で設定する**ことになる。具体的事例においてどの違憲審査基準を設定するかの考え方は、自由権とりわけ経済的自由権に対する制約に係る合憲性判断枠組みの設定のそれ（第2章第2節3）に類似する面がある。14条1項適合性については、①区別が憲法上の自由に対する直接的制約にもなっている（最大判平成27・12・16民集69・8・2427（再婚禁止期間違憲判決））、②区別が重要な法的地位の制約をともなう（最大判平成20・6・4民集62・6・1367（国籍法違憲判決））、③区別が自らの意思や努力では変えることのできない事由による（国籍法違憲判決、最大決平成25・9・4民集67・6・1320（非嫡出子法定相続分違憲決定））といった要素は、立法裁量を狭め、合憲性判断を厳格化する理由となる。他方、判例は、租税立法および社会保障立法について広汎な立法裁量を一貫して認めており、これら分野における法令の14条1項適合性に関しても緩やかな合憲性判断枠組みを採用している（最大判昭和60・3・27民集39・2・247（サラリーマン税金訴訟）、最大判昭和57・7・7民集36・7・1235（堀木訴訟）など）。

　関連して、発展的内容の説明を加えておく。判例において立法裁量の広狭が分かれる点を分析、理由付ける視点として、権利の論理と制度の論理の違いを提示する学説がある（小山・前掲書161頁以下）。制度の論理と人権の論理は個別の事案について妥当する14条1項適合性判断枠組みを考える視点としても有益であり、このような視点があることは知っておくとよい。

（3）判例または学説のいずれで書くべきか

　この問いに答えるためには、芦部説が唱えられた背景を知るべきである。すなわち、判例においては、合理的根拠の有無について「立法目的と目的達成手段の双方から検討するという点は示唆されているが、それ以外に指針となることが示されているわけではない、という状況が長らく続いた」。このような状況において「判例のあり方に反省を迫るべく、……アメリカの判例理論を参酌しつつ理論の提示に努めた」（以上の引用につき、安西文雄＝巻美矢紀＝宍戸常寿『憲法学読本〔第2版〕』（有斐閣、2014年）103頁）学説の一つが芦部説なのである。また、「事案に応じて柔軟に審査基準を上げるのが芦部先生の意図であったようにも推測されますので、〔芦部説を〕過度に機械的・図式的に捉えない方がよい」（宍戸常寿『憲法　解釈論の応用と展開〔第2版〕』（日本評論社、2014年）110頁。引用中の〔〕は筆者による補足）という指摘もある。そうであるならば、判例の「数少ない法律違憲の判断が平等の分野に多いこと」が「注目される」（長谷部恭男編『注釈日本国憲法（2）』（有斐閣、2017年）173頁〔川岸令和執筆〕）現在は、判例の思考形式に依拠して、事例における具体的要素を考慮して違憲審査基準を設定する方が無難ではないだろうか。

　もっとも、人種または信条による区別のように、特別意味説に立つならば厳格審査基準を設定できる事例問題については、違憲の主張において特別意味説をとるという答案構成も考えられるだろう。

2　合憲性判断枠組みの適用判断

　違憲審査基準を適用して区別の14条1項適合性を判断するときの一般的な留意点は、自由権制約の場合と同様である。第2章第3節を参照して欲しい。

　ここでは3点を補足する。第一に、違憲審査基準論の立場から「最高裁が採用する『合理性の基準』の厳格度には一定の幅がある」（佐々木雅寿「日本における法の下の平等」北大法学論集59巻5号（2009年）2480頁以下、2484頁）という微妙な指摘に現れているとおり、判例の合憲性判断枠組みを内在的に理解するならば、それは違憲審査基準の使い分けとは言い難い。つまり、判例は、合理的根拠に基づく区別かという合憲性判断枠組みの下で、合憲性の実体的判

憲法　事例問題起案の基礎

断基準である違憲審査基準を使い分けるのでなく、違憲審査の密度（司法府が立法府の判断に介入する度合い）を変えていると理解できる。したがって、14条1項適合性について違憲審査基準を設定、適用する答案に判例を応用するときは、審査密度の違いを、基準設定の場面と基準の適用判断の場面とに「仕分け」して、違憲審査基準の厳格度の違いに「翻訳」するなどの工夫が必要になると思われる。

　第二に、違憲審査基準を用いて**立法目的達成手段の合憲性を論述する際、立法目的達成手段が＜区別すること自体＞または＜区別の程度＞のいずれについて検討しているかを明確にする**。判例においては、区別の程度の合憲性が判断されたものが多い（尊属殺重罰規定違憲判決および国籍法違憲判決が代表例）。ただし、このことはどちらかを選択せよという意味でない。両方の検討が必要となる事例もある。

　　例えば、再婚禁止期間（民法旧733条1項）について、①「再婚禁止期間のうち100日を超える部分は、医療等の進歩により妊娠の時期が容易に明らかになる今日、もはや推定重複を回避するために必要な期間とはいえず、立法目的との関連でいわゆる合理的な関連性を有しないことが明らかであり、事柄の性質上、超過部分について国会の合理的な立法裁量の範囲内であると認めることはできない」ことに加えて、②「立法目的が正当なものでも、その達成手段として設定された再婚禁止期間の措置は、それが100日間であっても、……憲法上の保護に値する婚姻をするについての自由に関する利益を損なうことになり、しかも……今日、晩婚化が進む一方で、離婚件数及び再婚件数が増加する状況があり、再婚への制約をできる限り少なくするという要請が高まっている事情の下で、形式的な意味で上記の手段に合理的な関連性さえ肯定できれば足りるとしてよいかは問題であろう。このような場合、立法目的を達成する手段それ自体が実質的に不相当でないかどうか（この手段の採用自体が立法裁量の範囲内といえるかどうか）も更に検討する必要がある」とする補足意見が参考になろう（再婚禁止期間違憲判決（前掲）千葉勝美裁判官補足意見。引用中の波線は筆者）。

また、判例においては、**区別自体の合憲性判断は立法目的の合憲性判断と密接に関連している**と思われる。

　一例を挙げると、尊属殺人罪（刑法旧200条）について、「尊属に対する尊重報恩は、社会

第 4 章　平等違反の合憲性審査

生活上の基本的道義というべく、このような自然的情愛ないし普遍的倫理の維持は、刑法
上の保護に値する」とした上で（立法目的の正当性の肯定）、「このような点を考えれば、
……被害者が尊属であることを……類型化し、法律上、刑の加重要件とする規定を設けて
も、かかる差別的取扱いをもってただちに合理的な根拠を欠くものと断ずることはでき」
ない（区別自体の相当性の肯定）としている（尊属殺重罰規定違憲判決）。この判示を承
けて、「尊属に対する尊重報恩を刑罰の加重要件とする」ことを「立法目的」とする学説
もある（宍戸・前掲書111頁など）。

　第三に、最近の判例は、合憲性判断枠組みの適用判断において、**特に違憲判
断にあたり、時間の経過による立法事実の変化を重要な考慮要素としている。**
以下、例示しておく。

①「我が国を取り巻く国内的、国際的な社会的環境等の変化に照らしてみると、準正を出
　生後における届出による日本国籍取得の要件としておくことについて、立法目的との間に
　合理的関連性を見いだすことがもはや難しくなっているというべきである。」（国籍法違憲
　判決）

②「本件規定の合理性に関連する……種々の事柄の変遷等は、その中のいずれか一つを捉
　えて、本件規定による法定相続分の区別を不合理とすべき決定的な理由とし得るものでは
　ない。しかし、昭和22年民法改正時から現在に至るまでの間の社会の動向、我が国におけ
　る家族形態の多様化やこれに伴う国民の意識の変化、諸外国の立法のすう勢及び我が国が
　批准した条約の内容とこれに基づき設置された委員会からの指摘、嫡出子と嫡出でない子
　の区別に関わる法制等の変化、更にはこれまでの当審判例における度重なる問題の指摘等
　を総合的に考察すれば、家族という共同体の中における個人の尊重がより明確に認識され
　てきたことは明らかであるといえる。そして、法律婚という制度自体は我が国に定着して
　いるとしても、上記のような認識の変化に伴い、上記制度の下で父母が婚姻関係になかっ
　たという、子にとっては自ら選択ないし修正する余地のない事柄を理由としてその子に不
　利益を及ぼすことは許されず、子を個人として尊重し、その権利を保障すべきであるとい
　う考えが確立されてきているものということができる。」（非嫡出子法定相続分違憲決定）

③「医療や科学技術が発達した今日においては、再婚禁止期間を厳密に父性の推定が重複
　することを回避するための期間に限定せず、一定の期間の幅を設けることを正当化するこ
　とは困難になったといわざるを得ない」。「再婚をすることについての制約をできる限り少

憲法　事例問題起案の基礎

なくするという要請が高まっている事情も認めることができる」。「世界的には再婚禁止期間を設けない国が多くなっていることも公知の事実である。それぞれの国において婚姻の解消や父子関係の確定等に係る制度が異なるものである以上、その一部である再婚禁止期間に係る諸外国の立法の動向は、我が国における再婚禁止期間の制度の評価に直ちに影響を及ぼすものとはいえないが、再婚をすることについての制約をできる限り少なくするという要請が高まっていることを示す事情の一つとなり得る」。（再婚禁止期間違憲判決）

3　違憲の区別の救済

　区別を14項1項違反と結論した場合の特殊な問題点として、①国民に権利利益を付与する規定の一部を違憲判断した場合、裁判所は、係属事件（司法事実）が違憲部分以外の要件を満たすならば、当該規定全体を合憲判断した場合と同じように権利利益を付与できるか（国籍法違憲判決参照）、②違憲判決の効力が過去の同種の事件に遡及するか（非嫡出子法定相続分違憲決定参照）という問題がある。問題文を読むときは、事例がこれらの問題点を含むか一応注意して欲しい。

第3節　基本の問題設定以外の平等適合性の論じ方

1　相対的・形式的平等以外の平等適合性も問題になる事例

　例えば、積極的差別解消措置（アファーマティブアクション、ポジティブアクションとも言う）の合憲性を問う事例問題はどのように論述すべきか。積極的差別解消措置については、相対的および形式的平等のほかに、現実に生じている不平等の是正を要請する平等（実質的平等）の憲法上の位置付けが問題となり、さらに、「平等のための差別」である実質的平等を具体化する立法と相対的・形式的平等との関係も問題となろう。このような事例については、前述した、相対的・形式的平等を14条1項の要請とする基本の問題設定を当然の前提にしてはならない。14条1項その他の憲法条項からどのような平等保障が要請されるかを改めて検討した上で、これまでに説明した基本の問題設定における合憲性判断枠組みの設定や違憲審査基準の適用判断などに関する考え方が当

第 4 章　平等違反の合憲性審査

該事例にそのまま妥当するかも検討しつつ、論述する必要がある（積極的差別解消措置の合憲性を論ずる具体例として、大河内美紀「二十二歳春の悲劇」宍戸常寿編著『憲法演習ノート』（弘文堂、2015年）104頁以下参照）。

　また、積極的差別解消措置の合憲性を判断する違憲審査基準については現在、定説があるとはいえない（佐々木・前掲論文2492頁参照）。もっとも、当該措置が人種や性別という事柄による区別をともなうものであっても、「恩恵的な制度」であるときは、厳格な合理性の基準といった中間審査基準を適用すべきであるとする学説は参考になるだろう。この説は、その理由として「少数者に不利益を課す立法と異なり、少数者を優遇する立法は、多数派が民主的政治過程を通じて是正することは容易であろうから、もっとも厳格な審査を行うべき理由があるか疑わしい」と指摘している（長谷部恭男『憲法〔第7版〕』（新世社、2018年）175頁）。

　関連して、平成27年司法試験公法系第1問においては、「原告となるBは、Cと『違う』にもかかわらずCと『同じ』に扱われて正式採用されなかった」ことについて「BとCとの具体的な『違い』を憲法上どのように評価するかを踏まえた論述」すること（出題趣旨）が、問題文中でも「Bの主張にできる限り沿った訴訟活動を行うという観点から」と誘導して、求められていた。これは、相対的平等の下で均等な取扱いが要請される同一の事情がBとCの間に存在するかを問うもので、大多数の受験者にとってトリッキーな問題設定であるから、感心しない。ただし、この問題設定も、14条1項が定める平等の要請内容に立ち戻ってから論述を構成するという点では、相対的・形式的平等以外の平等適合性が争われる事例の論述と共通していることに留意したい。

2　平等の特則

　憲法は、14条1項に加えて、家族制度における両性の本質的平等（24条）および教育の機会均等（26条1項）を規定する。また、投票価値の平等（14条1項、15条1項および3項、44条ただし書）などを保障するとも解釈されている。これらの特則における平等は、相対的および形式的平等にとどまらず、各人の事実上の差異を考慮することなく、人であるという一点に着目して、あらゆる

憲法　事例問題起案の基礎

取扱いに関して絶対均等に取り扱う平等（絶対的平等）や実質的平等の要請を含み得るかが別に問題となる。平等の特則との適合性が問題になる事例についても、14条1項適合性に関する基本の問題設定を当然の前提にせず、それぞれの平等が要請する内容に立ち戻って論述する必要がある。

第5章　適用違憲
第1節　概念の整理

　最初に、「法令違憲」、「適用違憲」、「処分違憲」といった概念が、それぞれどのようなものなのかを確認しておこう。

　かつて、「法令違憲」と「適用違憲」という概念について、「法令そのものを違憲とする」場合が「法令違憲」であり、「法令自体は合憲でも、それが当該事件の当事者に適用される限度において違憲であるとする」場合が「適用違憲」であるという説明がなされ、適用違憲の類型として、①「法令の合憲限定解釈が不可能である場合、すなわち合憲的に適用できる部分と違憲的に適用される可能性のある部分とが不可分の関係にある場合に、違憲的適用の場合をも含むような広い解釈に基づいて法令を当該事件に適用するのは違憲である」とされる場合、②「法令の合憲限定解釈が可能であるにもかかわらず、法令の執行者が合憲的適用の場合に限定する解釈を行わず、違憲的に適用した、その適用行為は違憲である」とされる場合、③「法令そのものは合憲でも、その執行者が人権を侵害するような形で解釈適用した場合に、その解釈適用行為が違憲である」とされる場合が挙げられてきた（芦部信喜（高橋和之補訂）『憲法〔第6版〕』（岩波書店、2015年）387頁以下）。

　しかし、「最近では、適用違憲は①の類型に限定すべきだ、という見方が有力になりつつ」ある（宍戸常寿『憲法　解釈論の応用と展開〔第2版〕』（日本評論社、2014年）297頁。また、野坂泰司「憲法判断の方法」大石眞=石川健治編『憲法の争点』（有斐閣、2008年）286頁、山本龍彦「適用審査と適用違憲」曽我部真裕ほか編『憲法論点教室』（日本評論社、2012年）33頁）も参照）。

　この①の類型（以下、「狭義の適用違憲」と呼ぶ。）は、②および③とは異なり、当該法令の適用行為の合憲性を問題にするものではなく、「特定の事案に適用される限りでの当該法令の合憲性を審査する」ものである。

　最二判平成20・4・11刑集62・5・1217（防衛庁官舎ビラ配布事件）を素材に、①、②および③の主張をするとしたら、どのような主張になるのかを考えよう。

　①の狭義の適用違憲の主張というのは、特定の事案に適用される限りでの当該法令の合

57

憲法　事例問題起案の基礎

憲性を問題とするものであるから、本件で狭義の適用違憲を主張するとしたら、例えば、「政治的なビラの配布という表現活動を行うという目的で、ごく平穏な方法でかつ事実上誰もが立ち入ることが可能な共用スペースに立ち入るという行為に適用される限りにおいて、刑法130条の規定は違憲である」（したがって、違憲な法令によって被告人を処罰することは許されない）と主張することになる。

　これに対し、②の類型（「処分違法」と呼ばれることがある。）の主張は、当該法令の規定は合憲限定解釈ができるにもかかわらず、合憲限定解釈をしないまま当該規定を適用したという点で解釈・適用の誤りがあるとするものである。それゆえ、この場合には、例えば、「刑法130条にいう『正当な理由がないのに、人の住居若しくは人の看守する邸宅、建造物……に侵入』するという文言は、住民に強い不快感を与えたり迷惑をかけたりする、いわば違法性の強い形での『侵入』のみを処罰する趣旨であると限定的に解釈すべきであり、そうすると、本件被告人の行為はこのように限定解釈された同条の構成要件には該当しない。それゆえ、本件起訴には、刑法130条を合憲限定解釈しないまま本件被告人の行為に適用したという誤りがある」という主張をすることになる。

　最後に、③の類型（いわゆる「処分違憲」の主張）について、もし本件の事例でこうした主張をするとしたら、例えば、「本件官舎内ではビラ配布が日常的に行われており、これまで管理者がそれを排除しようとしたこともなかったのであるから、本件被告人の行為は刑法130条にいう『侵入』には当たらない。にもかかわらず、本件被告人が表現活動のために行った行為に同条を適用することは、違憲である」という主張がありうるかもしれない。

　いずれにせよ、「適用違憲」の概念については、学説自体にも混乱がみられるので、この語を用いる場合には、注意が必要である。それゆえ、①類型の狭義の適用違憲の主張を書こうとする場合、記述の文言等を工夫することによって、どのような意味で「適用違憲」の語を用いているのかが採点者に分かるようにすることを心がけたい。

58

第 5 章　適用違憲

第 2 節　　適用違憲の論証

1　問題の提起

　狭義の適用違憲の主張をする場合、どのような論証をすればよいのかは、実
は、必ずしも明らかではない。ただ、現時点で学説が考えているところを最大
公約数的に紹介すれば、次のようなことになろう。

　繰り返しになるが、適用違憲は、「当該事件に適用される限りでの法令の合
憲性」を審査する手法である。つまり、ある法令の規定についてその規定がお
よそ適用されうると考えられるすべての場面との関係でその合憲性を審査しよ
うとする一般的な法令違憲の審査（一般的・客観的審査による法令違憲の審査）
とは異なり、適用違憲の手法による審査は、特定の場面との関係での法令の規
定の合憲性を審査しようとするものである。それゆえ、狭義の適用違憲の主張
をするに当たっては、まず、どのような場面との関係での合憲性を問題とした
いのか、違憲審査の範囲を明確にしなければならないはずである。

　実際、ある学説は、適用審査の特徴を、「違憲審査の範囲が当該事件に係る
司法事実から抽出される事実類型（以下、「適用事実類型」という）に限定さ
れる点」に求めている（土井真一「憲法判断の在り方——違憲審査の範囲及び
違憲判断の方法を中心に」ジュリスト1400号（2010年）51頁、52頁）。

　この学説にいう「適用事実類型」は、当該事件に係る司法事実を基にして設
定される。先の防衛庁官舎ビラ配布事件を例にとれば、当該事案で「侵入」に
当たるとされた行為は政治的なビラの配布という表現活動を行う目的でなされ
たものであったとか、当該行為は官舎の住民に迷惑をかけるような態様のもの
ではなく、ごく平穏な方法によるものであったとか、当該行為がなされた官舎
の共用スペースは事実上誰もが立ち入ることができる状態にあり、実際にこれ
までもさまざまなビラの配布がなされていたとかいった事情は、本件に固有の
事情（司法事実）であって、一般的・客観的審査による法令違憲の審査におい
ては、考慮されない事情である。しかし、狭義の適用違憲の審査においては、
これらの司法事実を基にして、「政治的なビラの配布という表現活動を行うと
いう目的で、ごく平穏な方法でかつ事実上誰もが立ち入ることが可能な共用ス

59

ベースに立ち入るという行為に適用される場合」という「適用事実類型」を設定し、この適用事実類型との関係での当該規定の合憲性を論じることになるのである。

第1節で指摘したように、適用違憲の主張を書くに当たっては、どのような意味で「適用違憲」の語を用いているのかが分かるように書き方を工夫する必要がある。この点、狭義の適用違憲については、定式化されたフレーズがあり、「……という事実関係（適用事実類型）に適用される限りにおいて、当該規定は違憲である」（傍点部分が重要）と書くのが最も適切であろう。

2　合憲性の判断枠組み

適用事実類型を設定したら、次に当該法令の規定の合憲性をどのような判断枠組みで審査するのかを提示することになる。

この場合にどのような判断枠組みを用いるのかについて、文献によっては、「適用違憲において目的手段審査を行うのは筋違いだ」とか（永田秀樹＝松井幸夫編著『基礎から学ぶ憲法訴訟〔第2版〕』（法律文化社、2015年）44頁）、「おそらくこの適用上判断の手法を採る場合には、アドホック［裸の利益衡量］でいくかデフィニショナル［定義付け衡量］でいくかという感じになるのではないか」（高橋和之「違憲判断の基準、その変遷と現状」自由と正義60巻7号（2009年）98頁、104頁）と説くものもあるが、これらの見解はそもそも「適用違憲」の概念について、多くの見解とは異なる定義を前提としているように思われる。

先に見たように、適用違憲も法令の合憲性を審査するものだと考えるのであれば、一般的・客観的審査による法令違憲の審査の場合と同様に、違憲審査基準（目的手段審査）を用いた審査をすることになろう（山本・前掲論文34頁）。

違憲審査基準をどうやって設定するかは、一般的・客観的審査による法令違憲の審査の場合と原則的には変わるところはない。ただ、一般的な法令違憲の審査の場合と狭義の適用違憲の審査の場合とで、そもそもの問題の設定の仕方が変わった結果、違憲審査基準も変わってくるということがあるのかもしれない。

再び防衛庁官舎ビラ配布事件を例にとれば、一般的な法令違憲の問題として

第 5 章　適用違憲

考える限り、官舎への立入りが政治的なビラの配布という表現活動を行う目的でなされたという司法事実は捨象され（あるいは後退し）、他人の看守する住居に立ち入ったという事実だけが前面に出てくることになる。それゆえ、本件は、結果的に表現活動が制約されることになっているとしても、表現活動の制約を本来の目的としていない刑法130条の規定が表現活動にも適用されることによって表現活動が間接的・付随的に制約されている事例であると構成することができるのかもしれず、そうすると、刑法130条の一般的な合憲性は、最大判昭和49・11・6刑集28・9・393（猿払事件最高裁判決）が説くような、緩やかな基準によって審査されることになるのかもしれない。

　しかしながら、「表現活動を行う目的でなされた行為に適用される限りにおいて、刑法130条は違憲である」という適用違憲の問題と考える場合、官舎への立入りはビラ配布という表現活動のための手段として行われたという事実が前面に出てくる結果、本件は、表現活動の間接的・付随的制約が問題になっている事例ではなく、むしろ直接的な制約が問題となっている事例であると構成することができるように思われる。そうすると、本件に適用される限りでの刑法130条の合憲性は、厳格な基準を用いて審査すべきと考える余地があるようにみえる。

　この問題、つまり一般的な法令違憲の審査の場合と狭義の適用違憲の審査の場合とで違憲審査基準が異なりうるのかという問題は、正直なところ、学説上明らかではない。とはいえ、狭義の適用違憲の主張の中で違憲審査基準を設定する際には、どのような適用事実類型を設定したのかに留意しつつ、その適用事実類型に即した基準の設定をする必要があるように思われる。

3　違憲審査基準の適用

　一般的・客観的審査による法令違憲の審査をする場合には、目的手段審査は、その名の通り一般的に、立法事実に即して、当該事件の司法事実とは無関係に目的・手段の合理性を検討することになる。

　繰り返しになるが、適用違憲も法令の合憲性を審査するものであり、違憲審査基準（目的手段審査）を用いて審査がなされるのだとしたら、適用違憲によ

61

憲法　事例問題起案の基礎

る審査においても、立法事実に即して目的・手段の合理性を検討すべきことに
変わりはないであろう。しかし、適用違憲による審査における目的・手段の合
理性の検討は、先に設定した適用事実類型との関係で行わなければならないと
いう点で、一般的・客観的審査による法令違憲の審査の場合とは異なるように
思われる。

　例えば、防衛庁官舎ビラ配布事件において、「政治的なビラの配布という表
現活動を行うという目的で、ごく平穏な方法でかつ事実上誰もが立ち入ること
が可能な共用スペースに立ち入るという行為に適用される場合」という適用事
実類型を設定し、「そのような場合に適用される限りにおいて、刑法130条の規
定は違憲である」という主張をするのであれば、刑法130条の目的の合理性（正
当性・重要性・必要不可欠性）は、住居の平穏の保護なり住居の管理権の保護
なりといった立法目的が一般的にみて――例えば、中間審査基準による場合―
―重要か否かという形で検討されるのではない。むしろ、それは、当該ビラの
配布行為がなされた共用スペースは事実上誰もが立ち入ることができる状態に
あり、実際にこれまでもさまざまなビラの配布がなされていたという事情の下
で、そのような共用スペースについても住居の平穏なり住居の管理権なりを保
護することが重要といえるか否かという形で検討すべきことになろう。

　同じことは、手段審査についても言える。「3年以下の懲役又は10万円以下
の罰金に処する」という手段の合理性（合理的関連性・実質的関連性・必要最
小限度性）は、この手段が一般的にみて必要最小限度かどうかではなく、本件
の事実関係（先に設定した適用事実類型）の下においても必要最小限度という
ことができるかという形で検討がなされなければならないように思われる。

第3節　法令違憲との関係

1　適用違憲と法令違憲の優先関係

　答案上、一般的な法令違憲の主張と適用違憲の主張とで、そのどちらか一方
を書くとしたら、どちらを書くべきかという問題がある。この点、学説上、付
随的違憲審査制の下では、法令の規定の合憲性の審査がなされるのはあくまで

第 5 章　適用違憲

も具体的事件の解決のためであり、そうすると、当該具体的事件に適用される限りでの合憲性の審査である適用違憲の審査こそが原則的な違憲審査のあり方だと説かれることがある（例えば、佐藤幸治『日本国憲法論』（成文堂、2011年）656頁、市川正人「違憲審査権の行使(2)文面審査と適用審査」大石眞=石川健治編『憲法の争点』（有斐閣、2008年）276頁など）。この適用審査優先原則を厳密に考えるならば、適用違憲の主張を書くか、一般的な法令違憲の主張を書くかと問われれば、まず適用違憲の主張を書くべきであるということになるのかもしれない。

　しかし、現実には、わが国の実務上（とりわけ最高裁のレベルにおいて）、違憲審査といえばまず一般的な法令違憲の審査がなされるというのが支配的だと言われる（佐藤幸治・前掲書655頁）。そうした実務を踏まえれば、適用違憲の主張を書くか、一般的な法令違憲の主張を書くかは、言ってみれば「どちらでもよい」のかもしれない。事実、「『法令一般審査か、適用審査か』にそれほど深く悩む必要がない」と説く見解もある（山本・前掲論文37頁）。そうだとしたら、すぐ後に触れるように適用違憲の主張で書くべき場合は別にして、法令違憲の主張でも適用違憲の主張でも「どちらでもよい」ときは、狭義の適用違憲の主張について「定石」となる論証方法が必ずしも明らかではなく、しかも、適用違憲で答案を書く方が難易度が高そうだということを考えると、**無理をして適用違憲の主張を書くよりは、法令違憲の主張で答案を作成するほうが無難である**といえる。

　ただし、答案作成の実際上、適用違憲の主張で書かないとおかしい場合や適用違憲の主張で書いた方が一方当事者に有利になる場合というのはあるように思われる。前者の例として、最大判昭和38・5・15刑集17・4・302（加持祈禱事件）のような事案が挙げられる。この事件は、かなり古い事件ということもあって、被告人が一般的な法令違憲の主張をしたのか狭義の適用違憲の主張をしたのか、判決文からは明らかではない。しかし、そうだとしても、この事例で、被告人が刑法205条（傷害致死罪）は一般的に違憲であると主張していたと考えるとしたら、そのような主張はあまりにナンセンスであろう。むしろ、この事例で被告人が主張したのは、宗教的行為に適用される限りで刑法205条

63

憲法　事例問題起案の基礎

は違憲であるという適用違憲の主張であったとみるのが自然である。

　後者の例としては、再び防衛庁官舎ビラ配布事件を挙げることができる。第2節2で触れたように、一般的な法令違憲の主張に関して審査をする場合と適用違憲の主張に関して審査をする場合とで違憲審査基準が異なってくるのだとしたら、例えば被告人にとっては初めから適用違憲の主張をした方が有利だということになろう。

2　適用違憲と法令違憲の並存関係

　一般的な法令違憲の主張と適用違憲の主張のどちらか一方を書くのではなく、その両方を答案に書くというのは適切だろうか。率直に言えば、この問題も、実はいまだに決着がついていないように思われる。

　この問題は、一般的・客観的な法令違憲の審査による合憲性の判断が何を意味するかという問題と関連している。適用審査による違憲判断が特定の事実類型に適用される限りでの法令の規定の違憲（法令の規定の一部適用違憲）なのに対し、一般的・客観的審査による法令の規定の違憲判断がいわば法令の規定の「全適用違憲」を意味するということには争いはない。そうすると、先に一般的・客観的審査によって当該法令の規定を違憲と結論づけたのであれば、その規定はおよそどんな事実類型に適用されたとしても違憲なはずであるから、もはやそれ以上に狭義の適用違憲を論じる必要はないことになる。

　これに対し、必ずしも明らかでないのは、一般的・客観的審査による合憲判断が法令の規定の「全適用合憲」を意味するか否かである。もし、一部の学説が考えているように、一般的な法令違憲の審査による合憲判断が「全適用合憲」を意味するとしたら、一般的な法令違憲の審査によって当該法令の規定を合憲と結論づけた場合には、その規定はおよそどんな事実類型に適用されたとしても合憲なはずであるから、それ以上狭義の適用違憲を検討したとしても違憲という結論に至ることは論理的にありえないことになり、別途狭義の適用違憲を検討することは無意味だということになろう。しかし、別の学説が考えているように、一般的な法令違憲の審査による合憲判断が必ずしも「全適用合憲」を意味しないとしたら、一般的な法令違憲の審査によって当該法令の規定を合憲

64

第 5 章　適用違憲

と結論づけたとしても、適用事実類型によってはその規定は違憲と判断されることがありうるのかもしれず、そうすると、法令違憲の審査とは別に適用違憲の審査をすることには意味があるということになる。

　　法令違憲の審査による合憲・違憲の判断と適用違憲の審査による合憲・違憲の判断の組み合わせは、可能性としては、次のAからDまでの4通りがありうる。

	法令違憲の審査	適用違憲の審査
A	合憲	合憲
B	合憲	違憲
C	違憲	合憲
D	違憲	違憲

　　しかし、これらのうち、Cは、すでに述べたところから明らかなように、論理的に成立しえない。Dは、先に法令違憲の審査で違憲と判断したのであれば、適用違憲の審査も違憲になるのは当然である。問題となるのはAとBである。Bについては、そもそもこのパターンが論理的に成立しうるかが問題であり、Aについては、法令違憲の審査で合憲であれば適用違憲の審査についても当然に合憲といえることになるのかが問題となるのである。

　では、答案を作成するときには、どうしたらよいか。**おそらく最も適切な方法は、一般的な法令違憲の主張と適用違憲の主張の両方を書くのではなく、そのどちらか一本に絞って答案を作成すること**であろう。

　とはいえ、どうしてもその両方を書きたいという場合には、さしあたり、次のような書き方が無難かもしれない。まず、原告（被告人）の主張については、どちらかを主たる主張にして、他を副次的な主張にしたらどうか。この場合、一般的・客観的審査による法令違憲の主張を主たる主張として書き、副次的な主張として狭義の適用違憲の主張を書くことになろう。つまり、主たる主張として例えば刑法130条の規定が一般的に違憲であると主張し、仮に同条が多くの場合には合憲的に適用されうるとしても、本件の事実類型に適用される限りで違憲であるという主張を副次的にするのである。

　次に、被告（検察官）の反論については、原告（被告人）の主張に「お付き合い」する必要がある以上、それぞれについて反論を想定する必要があろう。

　問題は私見の書き方である。ただ、先に触れたように、まず一般的な法令違

65

憲法　事例問題起案の基礎

憲の審査によって当該規定は一般的に違憲と結論づけたのだとしたら、狭義の適用違憲の主張については、それ以上論じる必要はない（パターンD）。むしろこの場合に、別途狭義の適用違憲の主張を検討して合憲と結論づける（パターンC）のは、明らかに論理的に誤りである。それゆえ、この場合には、狭義の適用違憲の主張について改めて検討しなくても、当該規定は一般的に違憲である以上、どのような適用事実類型に適用したとしても違憲なはずであるから、それ以上に適用違憲の主張について検討することを要しない旨を書いておけば、それで十分であろうと思われる。

　一般的な法令違憲の主張を先に検討して当該規定は合憲と結論づけ、適用違憲の主張についても合憲と結論づけたい場合（パターンA）、法令違憲の主張を検討した後で改めて適用違憲の主張についても検討しなければならないのかは、繰り返しになるが、よく分からない。ただ、このパターンで答案を書くとしたら、まず法令違憲の主張について合憲という結論まで書いてしまい、「当該規定が合憲であるということは、適用違憲の主張についても同じである」と一言入れたうえで、一応適用違憲の主張についても検討しておくことが無難なのではないだろうか。

　反対に、一般的な法令違憲の主張に関しては合憲と結論づけるが、適用違憲の主張に関しては違憲と結論づけたい場合（パターンB）には、やや姑息な手段ではあるが、思い切って、法令違憲の検討と適用違憲の検討との論述の順序を入れ換えるという方法もある。通常、原告の主張を「法令違憲の主張→適用違憲の主張」という順序で書いた場合、私見についてもその順序で検討していくことになるが（順序を入れ換えるのは、むしろ不自然である）、先に触れた適用審査優先原則（1を参照）に一言触れておけば、順序を入れ換えて私見では適用違憲の検討から書き始めても、そう咎められることはないように思われる。ただ、そうした場合、適用違憲の検討で違憲の結論に達した以上、具体的事件の解決としてはそれで十分なのであり、それ以上に法令違憲の主張についても検討することは蛇足だということにならないだろうか。

　そうすると結局、パターンCはそもそも論理的に成立せず、パターンBおよびDの場合にはどちらか一方だけを書けば足りるはずであり、パターンAの場

66

合も法令違憲だけを書けば十分なのではないかという疑問を払拭できないことになる。そうだとしたら、そもそも何のために一般的な法令違憲の主張と適用違憲の主張の両方を書くのかが分からず、むしろ、そのどちらか一本に絞って答案を作成する方が賢明なように思われる。

3　適用違憲と部分違憲

　適用違憲と類似した判決手法として、「部分違憲」と呼ばれる手法がある。部分違憲とは何かについては、「ある規定の一部が違憲無効となり、残りの部分は有効なまま残る、というものであり、法令違憲の一種である」という説明がなされている（曽我部真裕「部分違憲」曽我部真裕ほか編『憲法論点教室』（前掲）61頁）。これまで述べてきたように、今日では適用違憲も法令違憲の一種であると考えられるようになっていることからすれば、両者の区別は相対的だともいえる（曽我部・前掲論文64頁）。

　しかし、適用違憲と部分違憲とは、確かにいずれも、法令の違憲とされる部分を「切り取る」手法だという点では共通するが、少なくとも次の2点で異なっているのではないだろうか。まず、適用違憲はその定義上もっぱら、「このような場合に適用するのは違憲である」と法令の規定の適用範囲を切り取る手法なのに対し、部分違憲の手法によって切り取られるのは、必ずしも法令の規定の適用範囲に限られるわけではないように思われる。部分違憲の手法を用いた判例としてしばしば引用される、最大判平成14・9・11民集56・7・1439（郵便法違憲判決）、最大判平成17・9・14民集59・7・2087（在外国民選挙権訴訟）、最大判平成20・6・4民集62・6・1367（国籍法違憲判決）はいずれも、法令の規定の適用範囲が問題となっていたわけではないのではないだろうか。

　もちろん、部分違憲の手法が用いられる場合であっても、法令の規定の適用範囲に着目して違憲部分が切り取られるということはありえ（女性の再婚禁止期間の合憲性に関する最大判平成27・12・16民集69・8・2427は、そのような例とみることができるように思われる）、この場合には、適用違憲と法令違憲との間に違いはないように見えるかもしれない。しかし、上述したように、適用違憲の手法では、違憲であるとして切り取られる適用範囲が司法事実を基に

して設定される適用事実類型によって決定されるのに対し、部分違憲の手法は、「主として法令の内容や構造を審査する一般的・客観的法令審査の帰結として表れる傾向にある」（曽我部・前掲論文64頁）ことからすれば、切り取られるべき違憲部分をおそらく司法事実にとらわれずに決定しうるという違いがあるように思われる。

第6章 処分違憲

第1節 総 説

「法令の適用行為の違憲」は、広く捉えれば、芦部教授のいう②類型と③類型との二つがありうる。ただ、芦部教授のいう②類型は、合憲限定解釈ができるにもかかわらずこれをしなかった結果法令の解釈・適用に誤りがあると言えば足りる（宍戸常寿『憲法　解釈論の応用と展開〔第2版〕』（日本評論社、2014年）297頁）。ここでは、芦部教授の③類型を念頭に処分違憲を考えることにする。

「処分違憲」と言うと、文字通りにはいわゆる行政処分のみが問題になるかのようにみえるが、「法令の規定……の適用のあり方を問題にするというよりも、……そういう文脈では捉え切れない場合において、公権力の行使としてなされる個別・具体的な行為（処分）そのものの憲法適合性を問題とする」場合も処分違憲に含まれると説かれ（佐藤幸治『日本国憲法論』（成文堂、2011年）659頁）、そうすると、処分違憲は、行政処分が違憲という場合だけではなく、予算支出行為や事実行為が違憲という場合も含めて観念されることになる。

第5章第1節で述べたように、「適用違憲」という概念には混乱がみられ、ただ「適用違憲」と言うだけでは、第5章でみた狭義の適用違憲の話をしているのか、本章でみる処分違憲の話をしているのか、区別がつかない。それゆえ、本章でみる処分違憲の主張をしたいのであれば、「適用違憲」の語を用いるのは避けて、端的に「処分違憲」の語を用いた方がよい。芦部教授の③類型についても、どうしても「適用違憲」の語を使いたい場合には、「適用違憲」の語をどのような意味で用いているのかが採点者に明確になるような表現上の工夫が必要になる。

憲法　事例問題起案の基礎

第2節　処分違憲の論証

1　処分の実体上の違憲が問題となる場合

（1）明らかな差し迫った危険の基準

　処分違憲を主張しようとする場合についても、どのような論証をすればよいのかは、実は必ずしも明らかではない。ただ、この場合、一口に「処分」違憲と言っても、さまざまな類型がありうるのであり、類型ごとに分けて考える必要があろう。

　第一に、「処分」の違憲性を判断する枠組みとして判例上または学説上（ある程度）定式化された方法が存在し、その**定式化された方法を用いて処分の違憲性を判断することができる場合**がある。そのような場合として、例えば、自由を制約する処分の要件が法令上明確に定められていないときに、害悪の発生の蓋然性の程度を問題にすることによって行政庁の裁量の統制がなされる場合が挙げられる。

　例えば、最大判昭和58・6・22民集37・5・793（よど号ハイジャック新聞記事事件）の場合、在監者に対する文書図画の閲読の自由の制限を定めた旧監獄法施行規則86条1項（「文書図画ノ閲読ハ拘禁ノ目的ニ反セズ且ツ監獄ノ紀律ニ害ナキモノニ限リ之ヲ許ス」）は、その制限の要件を必ずしも明確に定めていなかった。これに対し、最高裁は、「右の制限が許されるためには、……規律及び秩序が害される一般的、抽象的なおそれがあるというだけでは足りず、……具体的事情のもとにおいて、その閲読を許すことにより監獄内の規律及び秩序の維持上放置することのできない程度の障害が生ずる相当の蓋然性があると認められることが必要であり、かつ、その場合においても、右の制限の程度は、右の障害発生の防止のために必要かつ合理的な範囲にとどまるべきものと解するのが相当である」と、害悪発生の相当の蓋然性の存在を要件とする考え方を示している。

　また、最三判平成7・3・7民集49・3・687（泉佐野市民会館事件）でも、条例上は不許可要件が必ずしも明確ではなかったのに対し（「公の秩序をみだすおそれがある場合」）、最高裁は、「危険性の程度としては、……単に危険な事

70

態を生じる蓋然性があるというだけでは足りず、明らかな差し迫った危険の発生が具体的に予見されることが必要である」と、害悪発生の高度の蓋然性を要求することによって不許可処分の要件裁量を統制しようとしている。

このように、自由を制約する処分に要件裁量が存在する場合に害悪発生の蓋然性の程度を問題にすることによって行政裁量を統制する手法は、判例上も用いられている手法であって、「処分」の違憲性を判断する枠組みとして有効であろう。具体的な基準としては、判例上は、比較的厳格な「明らかな差し迫った危険の基準」（最大判昭和29・11・24刑集 8・11・1866（新潟県公安条例事件）、泉佐野市民会館事件（前掲）等を参照）または比較的緩やかな「相当の蓋然性の基準」（よど号ハイジャック新聞記事事件（前掲））とがありえ、また、学説上は、厳格な基準として「明白かつ現在の危険の基準」（芦部信喜（高橋和之補訂）『憲法〔第 6 版〕』（岩波書店、2015年）208頁以下）がある。

なお、この場合、端的に処分違憲とするのではなく、抽象的な要件を定めた法令の規定（例えば、「……おそれがある場合」という規定）の合憲限定解釈によって事案を処理するという方法もありうる。実際、例えば上記の泉佐野市民会館事件は、まず条例の規定について合憲限定解釈を行い、限定解釈された要件に照らして当該処分が適法か否かという処理をしている。この方法による場合には、上記の「明らかな差し迫った危険の基準」や「明白かつ現在の危険の基準」などを参照して当該規定の要件に限定解釈を加えることになろう（第 7 章第 2 節 2 も参照）。

（2）比例原則・判断過程審査

しかし、実際には、「処分」の合憲性判断の枠組みが判例・学説上定式化されている場合ばかりではなく、そうした枠組みが存在しない場合もある。では、そうした場合には、「処分」の合憲性はどのようにして判断したらよいのか。

処分違憲の典型的な場合として、ある法令に基づいて行政庁が行った処分の合憲性が争われているという場面を考えよう。ただ、この場合、処分の根拠となる法令それ自体は合憲であることが前提となっており、そうすると、ここで問題となるのは、処分の適法性であって、行政法的な処理をすれば足りると言うこともできるのかもしれない。事実、教科書検定制度と個々の検定意見の合

憲法　事例問題起案の基礎

憲性・適法性が争われた最三判平成9・8・29民集51・7・2921（第三次家永教科書訴訟）について、「表現の自由が出てくるのは、検定制度が合憲であるという文脈で、その制限が許されるという形です。根拠法令の合憲性が論証された段階で『憲法論』はお役ご免となり、後は裁量権の逸脱・濫用として処理するのが、最高裁の立場のようです」という説明がなされている（宍戸・前掲書314頁）。

　そうだとすると、処分の合憲性ないし適法性は、行政法的な手法を通じて判断されることになるように思われる。行政庁による行政裁量の逸脱・濫用の結果、違憲ないし違法な処分がなされているという場合には、その処分の合憲性ないし適法性は、例えば判断過程審査によって審査されることになろう。実際、第三次家永教科書訴訟（前掲）や最二判平成8・3・8民集50・3・469（神戸高専事件）は、判断過程審査によって処分の合憲性ないし適法性を審査した判例と説明されているはずである。また、不利益処分において不利益が大きすぎるということを問題にするのであれば、比例原則を用いて審査するという方法もありうる。

　このように言ってしまうと、憲法の問題ではなく、行政法の問題になってしまうのではないかという疑問があるかもしれない。しかし、違法な検定意見は、客観法的に違法（行政法的な意味での「違法」）というだけではなく、同時に表現の自由という主観的権利の侵害（違憲）でもあるし、違法な営業不許可処分も、客観法的に違法というだけでなく、同時に営業の自由という主観的権利の侵害でもある。このように、争われている処分が客観法的（行政法的）にみて違法であるというだけでなく、憲法で保障された主観的権利の侵害でもあるという点で、その処分が適法かどうかは憲法問題でもあるのである。

　では、具体的にどのようにして答案を作成したらよいか。この点、行政処分による憲法上の権利の制限が問題となる場合には、**判断過程審査であれ、比例原則であれ、その使い方次第では、LRAの審査と同じような機能をもたせることができる**（山本龍彦「行政裁量と判断過程審査」曽我部真裕ほか編『憲法論点教室』（日本評論社、2012年）44頁注19参照）。

　具体例を挙げれば、判断過程審査の手法を採用したといわれる神戸高専事件

72

第 6 章　処分違憲

（前掲）について、「信教の自由といった憲法規範が、(a) 本件処分により学生が受ける不利益の側に『重み』を与え（重要考慮事項の指定機能）、(b) こうした不利益を回避ないし緩和しうる代替措置の積極的な探求義務を引き出し」ているという分析がなされている（山本・前掲論文43頁）。要するに、信教の自由が問題となっていることを十分に考慮すべきだというところから、信教の自由を制約しない他の目的達成手段がないかどうかという考慮要素が導き出されているというのである。その結果、この判例の論理は、実のところ、目的手段審査において「より制限的でない他の選びうる手段」を検討するのと大きくは変わらなくなっているということができる。同じことは、比例原則を用いて処分の適法性を審査する場合についても言える。不利益が大きすぎないかどうかという検討は、審査密度を上げていけば、結局のところ、「より制限的でない他の選びうる手段」の検討と大きな違いはなくなってくるように思われる。

　このように、処分による憲法上の権利の制限の合憲性ないし適法性を判断過程審査や比例原則を用いて答案を作成する場合、一方で、憲法上の権利の制限が問題となることを一つの重要な考慮要素として指摘し、他方で、「より制限的でない他の選びうる手段」がないかどうかを他の考慮要素として検討することによって、憲法論として判断過程審査を行った答案を作成することができる場合もあるように思われる。

2　処分の手続上の違憲が問題となる場合

　処分違憲が問題となるのは、行政裁量の逸脱・濫用という実体上の合憲性が問題となる場合に限られない。処分の実体上の合憲性ではなく、処分を行うに当たっての手続上の合憲性（憲法31条違反など）が問題となる場合もあり、最大判昭和37・11・28刑集16・11・1593（第三者所有物没収事件）がその代表例である。

　この場合の合憲性の判断は、適正手続主義について説かれているところに従うことになろう。つまり、行政処分についての手続上の合憲性であれば、最大判平成 4・7・1 民集46・5・437（成田新法事件）その他の判例が説くところを参考にして考えることになる。

73

憲法　事例問題起案の基礎

第3節　　法令違憲の主張との関係

　狭義の適用違憲の主張の場合とは異なり、処分違憲の主張は、法令違憲の主張と合わせて書くことに何の問題もない。実際、第三次家永教科書訴訟（前掲）は、まず、関係する法令の合憲性について検討し、関係法令は合憲との結論を得た後に、処分の合憲性（適法性）について検討し、処分が違憲（違法）であったと結論づけている。

第7章　文面審査
第1節　総　説

1　文面審査の意味

　既に説明した「法令違憲」、「適用違憲」、「処分違憲」という概念の区別（第5章第1節および第6章第1節参照）は「文面審査」と「適用審査」という付随的違憲審査の方法の区別を基礎にしている。ただし、学説上、文面審査と適用審査の区別に関して理解の相違がある（第5章第1節における引用文献のほか、市川正人「違憲審査権の行使(2)文面審査と適用審査」大石眞＝石川健治編『憲法の争点』（有斐閣、2008年）276頁参照）。

　芦部説は、①「立法事実をとくに検出し論証せず、法律の文面を検討するだけで結論を導き出す」審査を文面審査（芦部教授は「文面判断の手法」と称している）、②立法事実および司法事実を考慮する審査を適用審査と区別する（芦部信喜（高橋和之補訂）『憲法〔第6版〕』（岩波書店、2015年）383－384頁）。

　他方、**最近の学説は、裁判所に係属している事件の事実である司法事実ないし適用事実類型**（適用事実類型については第5章第1節参照）**を考慮するか否かを基準として文面審査と適用審査を区別する**。代表的学説の一つによると、①適用審査は「法令の合憲性を当該訴訟当事者に対する適用関係においてのみ個別的に判断しようとする」審査、言い換えると「当該事件に適用されている姿での法令の合憲性を、当該事件の具体的事実（司法事実）を前提として判断しようとする」審査であり、②文面審査は「司法事実……にとらわれずに、法令それ自体の合憲性を判断しようとするものであり、立法事実を考慮しない文面審査（狭義の文面審査）だけでなく、立法事実を考慮する文面審査（立法事実考慮型文面審査）も含む」（市川正人『基本講義　憲法』（新世社、2014年）352頁）。

　両説の違いは「文面審査」の範疇に立法事実を考慮する審査を含めるか否かにある。芦部説はこれを含めないのに対して、市川説をはじめ最近の学説はこれを含める。本章においては煩雑さを避けるため、芦部説における文面審査、市川説における狭義の文面審査を「文面審査」と呼ぶことにしたい。

憲法　事例問題起案の基礎

2　文面審査が行われる例

　文面審査が行われる代表例として、法令の条文と明確性の法理（憲法21条1項および31条）との関係を判断する場合や「検閲」（憲法21条2項前段）該当性を判断する場合が挙げられる。以下の節において、それぞれ説明する。

第2節　明確性の法理
（漠然性または過度に広汎性の故に無効）

1　明確性の法理の意義

　明確性の法理（漠然性または過度に広汎性の故に無効）とは、一般に、優越的地位を有する表現の自由を規制する法律は明確でなければならないとする理論をいう（芦部・前掲書205頁など）。この法理は、国の恣意を排除して国民に対して何が犯罪かを告知し、自由を保障するという罪刑法定主義（憲法31条）の帰結であるだけでなく（最大判昭和50・9・10刑集29・8・489（徳島市公安条例事件））、曖昧不明確な法律によって規制を加えると表現の自由に対して萎縮的効果が生じるため（最大判昭和59・12・12民集38・12・1308（札幌税関検査事件））、そのリスクを排除するためのものである（渡辺康行ほか『憲法Ⅰ基本権』（2016年、日本評論社）236頁）。

　「漠然性の故に無効」は、法文上、規制対象そのものが漠然不明確であり、国民からみてどの言動が規制されるのか分からないことを問題とするのに対して、「過度に広汎性の故に無効」は、法文上、規制対象それ自体は明確であるが、規制の範囲があまりにも広汎で、本来規制すべきではない言動が規制対象に含まれていることを問題とする。本来、両者は区別される。もっとも、「漠然性の故に無効」は、少なくとも規制の中核部分に関しては不明確ではないが、周辺部分につきどこまで規制が及ぶかが不明確な場合も問題になり、この場合、規制には合憲部分と違憲部分の両方が含まれるため、「過度に広汎性の故に無効」と重なる。したがって、両者は同時に主張されることも多い。

76

2 明確性の判断基準

それでは、明確性の法理に反するかをどのように判断すべきか。一般に法規は、表現力の限界や抽象性を有することから、絶対的な区別基準を設けることは不可能であり、法規の名宛人である国民の合理的な判断を前提とせざるを得ない。それゆえ、徳島市公安条例事件判決（前掲）は、「**通常の判断能力を有する一般人の理解において、具体的場合に当該行為がその適用を受けるものかどうかの判断を可能ならしめるような基準が読みとれるかどうか**」によって決定すべきであるとしている。

そして、同判決は、「交通秩序を維持すること」という規定については、「道路における集団行進等が一般的に秩序正しく平穏に行われている場合にこれを随伴する交通秩序阻害の程度を超えた、殊更な交通秩序の阻害をもたらすような行為を避止すべきことを命じているもの」と限定解釈できることを理由に明確性を肯定した。札幌税関検査事件判決（前掲）は、「風俗を害すべき書籍、図画」等を「合理的に解釈すれば、右にいう『風俗』とは専ら性的風俗を意味し、右規定により輸入禁止の対象とされるのは猥褻な書籍、図画等に限られるものということができ、このような限定的な解釈が可能である以上、右規定は、何ら明確性に欠けるものではな」いと判示している。

このように**明確性の判断基準は、実質的には、限定解釈の限界を画する基準として機能している**（初宿正典ほか『憲法Cases and Materials人権（展開編）』（有斐閣、2005年）453頁）。法文上不明確な法律は、合理的な限定解釈により法文の漠然不明確性が除去されない限り、原則として違憲無効（文面上無効）となる（野中俊彦ほか『憲法Ⅰ〔第5版〕』（有斐閣、2012年）361頁）。つまり、ある法文について違憲部分と合憲部分とを区別できるのであれば、違憲部分だけを除去する合憲限定解釈や部分違憲の手法が採用されることになる一方、法文の解釈上、違憲部分と合憲部分の区別が不可能である場合には、法文自体の不明確性を理由に文面上違憲という判断がなされることになる（木村草太『憲法の急所〔第2版〕』（羽鳥書店、2017年）216頁以下など参照）。

以上の理解を前提にして、**法文の不明確性が憲法上の争点になりうる法令が出題された場合、答案構成の方針を考えると、①原告の主張において不明確性**

を理由とする文面違憲を提起、②被告から合憲限定解釈の反論、③自らの見解において合憲限定解釈の可否と限界を検討、④限定解釈が不可能ならば文面違憲の結論、または、限定解釈が可能な場合、司法事実に応じて合憲若しくは部分違憲の結論という流れになるだろう。

3　合憲限定解釈

　ある規定が法文上は不明確または広汎に過ぎ、字義どおりに解釈すれば違憲の疑いがある場合、規定の意味を限定し、違憲となる可能性を排除することによって、法令の効力を救済する解釈方法を合憲限定解釈（合憲解釈）という。合憲限定解釈が求められる理由は、事件の解決に必要な限りでの憲法判断という付随的違憲審査制、法令が合憲であるとの判断のもとに制定されているという合憲性推定の原則、および立法者に対する裁判官の謙抑の原理に求められる。このほか、合憲判断を前提として「違憲」判断を回避する意義（憲法判断回避の準則）も認められる（佐藤幸治『日本国憲法論』（成文堂、2011年）651頁、戸松秀典『憲法訴訟〔第2版〕』（有斐閣、2008年）234頁参照）。合憲限定解釈は一般的には、法令違憲により惹起される法的混乱を回避しつつ、人権保障に一定の積極的な役割を果たしまたは果たしうるものと評価されている（佐藤・前掲書652頁）。

　事例問題において合憲限定解釈が問われた場合、受験生はかなり困難な作業を強いられるだろう。まず、「その解釈により、規制の対象となるものとそうでないものとが明確に区別され、かつ、合憲的に規制し得るもののみが規制の対象となることが明らかにされる場合」でなければならないので（札幌税関検査事件（前掲））、**合憲部分と違憲部分が「可分」か否かを検討する必要がある**（高橋和之『立憲主義と日本国憲法〔第4版〕』（有斐閣、2017年）441頁）。次に、**「一般国民の理解において、具体的場合に当該表現物が規制の対象となるかどうかの判断を可能ならしめるような基準をその規定から読みとることができる」限定解釈であるかを検討する必要がある。**

　例えば、地方公務員法37条1項、61条1項が禁止する争議行為やあおり行為等について、「争議行為自体が違法性の強いものであることを前提とし、その

ような違法な争議行為等のあおり行為等であつてはじめて、刑事罰をもつてのぞむ違法性を認めようとする趣旨と解すべき」などのように、「二重のしぼり」論を使って違法性の程度に段位を設けたり（最大判昭和44・4・2刑集23・5・305（都教組事件））、「公の秩序をみだすおそれがある場合」について、「人の生命、身体又は財産が侵害され、公共の安全が損なわれる危険を回避し、防止することの必要性が優越する場合をいうものと限定して解すべきであり、その危険性の程度としては、……単に危険な事態を生ずる蓋然性があるというだけでは足りず、明らかな差し迫った危険の発生が具体的に予見されることが必要であると解する」（最判平成7・3・7民集49・3・687頁（泉佐野市民会館事件））など、危険の程度に差異を設ける場合が考えられる。

　しかし、「淫行」について、「広く青少年に対する性行為一般をいうものと解すべきでなく、青少年を誘惑し、威迫し、欺罔し又は困惑させる等その心身の未成熟に乗じた不当な手段により行う性交又は性交類似行為のほか、青少年を単に自己の性的欲望を満足させるための対象として扱つているとしか認められないような性交又は性交類似行為をいうものと解する」（最大判昭和60・10・23刑集39・6・413（福岡県青少年保護育成条例事件））場合や、「暴走族」について、「暴走行為を目的として結成された集団である本来的な意味における暴走族の外には、服装、旗、言動などにおいてこのような暴走族に類似し社会通念上これと同視することができる集団に限られるものと解され、したがって、市長において本条例による中止・退去命令を発し得る対象も、被告人に適用されている『集会』との関係では、本来的な意味における暴走族及び上記のようなその類似集団による集会が、本条例16条1項1号、17条所定の場所及び態様で行われている場合に限定される」と解する（最三判平成19・9・18刑集61・6・601（広島市暴走族追放条例事件））場合は、通常の判断能力を有する一般人の理解にも適うものとは言えないであろう（赤坂幸一「合憲限定解釈」曽我部真裕ほか編『憲法論点教室』（日本評論社、2012年）59頁）。無理な合憲限定解釈は法律を改変することになるし、明確性が特に要請される刑罰法規につき予見機能を損なう危険があるからである。

憲法　事例問題起案の基礎

第3節　「検閲」の禁止

1　検閲の絶対的禁止と文面審査

　検閲該当性の判断はなぜ文面審査になるのか。その理由は次のように説明できる。すなわち、**憲法21条 2 項前段が定める「検閲」は絶対的禁止であるという解釈の下に検閲が定義されている場合**には（定義付け衡量のアプローチ）、**法律の定めた制度の合憲性は制度の内容が検閲の定義に該当するか否かの問題となり、立法事実を問題にする必要はない**からである（高橋和之『体系憲法訴訟』（岩波書店、2017年）186頁。なお、駒村圭吾『憲法訴訟の現代的転回』（日本評論社、2013年）23頁参照）。

2　検閲禁止の意義、検閲の定義および検閲該当性判断

　表現の自由の保障（21条 1 項）は、思想の自由市場論や萎縮的効果論を根拠に、表現行為がなされるに先立ち公権力が何らかの方法で抑制すること、および、実質的にこれと同視できるような影響を表現行為に及ぼす規制方法を原則禁止するという「事前抑制の禁止」を含んでいる。検閲の禁止は、事前抑制のうち特定の形態のものを禁止するものである（高橋『立憲主義と日本国憲法』（前掲）224頁参照）。判例において、検閲の禁止は絶対的と解され、検閲とは、「行政権が主体となって、思想内容等の表現物を対象とし、その全部又は一部の発表の禁止を目的として、対象とされる一定の表現物につき網羅的一般的に、発表前にその内容を審査した上、不適当と認めるものの発表を禁止することを、その特質として備えるもの」と定義されている（札幌税関検査事件（前掲））。

　税関検査については、①輸入が禁止される表現物は一般に国外においては既に発表済みのものであり、また、税関によって没収・廃棄されるわけではないから、発表の機会が全面的に奪われるものではないという意味において、事前規制そのものではない、②税関検査は、関税徴収手続の一環として付随的に行われるにすぎず、思想内容等それ自体を網羅的に審査し規制することを目的とするものではない、③税関検査は行政権の行使であるが、その主体となる税関は、関税の確定および徴収を本来の職務内容とする機関であって、特に思想内

容等を対象としてこれを規制することを独自の使命とするものではない、④税
関長の通知がなされたときは司法審査の機会が与えられ、行政権の判断が最終
的なものになるわけではないとして、検閲該当性を否定した。

　裁判所の仮処分による出版物の差止めについては、最大判昭和61・6・11民
集40・4・872（北方ジャーナル事件）が、札幌税関検査事件判決（前掲）に従
い検閲を定義した上、主体が裁判所であること、表現物の内容の網羅的一般的
な審査に基づく事前規制を目的とするものでなく、私人の申請に基づく個別的
な処分であることから検閲に該当しないと判示している。

3　答案作成上のポイント

　司法試験で検閲該当性が直接問われることは少ないと思われる。ただし、論
点の一つとして問題に含まれる可能性は十分にあるから、検閲の定義は予め正
確に覚えておきたい。論述する際は、自分が採用する検閲の定義を正確に述べ
た（この際、当該定義を採用する理由も明らかにすること）上、問題文に含ま
れる制度の内容を定義に適切に当てはめて、検閲該当性を判断する必要がある。
なお最近、検閲の定義について、判例を金科玉条のごとく前提にする者が散見
される。しかし、検閲を絶対的禁止と解しても、判例と学説（いわゆる狭義説。
例えば、佐藤・前掲書256頁以下参照）の定義には大きな隔たりがあり、どち
らを採用すべきか自体が論点になるから、少なくとも司法試験レベルでは、判
例と学説の違いに留意した論述が必要であろう（第1章第1節5も参照）。

第8章　政教分離違反の合憲性審査
第1節　訴訟の形式

　まず、端的に政教分離規定の違反を争おうとする場合には、原告が提起しう
る訴訟は自ずと決まってくるという点に注意しなくてはならない。政教分離規
定の法的性格について人権説をとる場合は別にして、制度的保障説または制度
説を前提として考えるのであれば、政教分離規定は国民に対して権利を保障す
るものではない以上、国家の行為が政教分離規定に違反するとしても、それに
よって直ちに国民の権利が侵害されているということはできない。それゆえ、
政教分離規定の違反を理由に例えば国家賠償請求訴訟のような主観訴訟を提起
することはできないのである。

　地方公共団体の行為が政教分離規定に違反するとして争おうとする場合、通
常は、当該行為のためになされた公金支出に着目して、住民訴訟（地方自治法
242条の2第1項4号）を提起するというやり方がとられる。ただし、国のレ
ベルでは、これに相当する訴訟が法定されていないため、端的に政教分離規定
の違反を争う途はないというのが現状である（政教分離規定の法的性格に関し
て人権説が主張され、あるいは信教の自由とは別にいわゆる宗教的人格権の主
張がなされるのは、そのためである）。

　　もちろん、政教分離規定の違反を争うことそれ自体を目的としない訴訟の中で、前提問
　題または付随的問題として政教分離の問題が出てくることはありうる。例えば、最大判昭
　和33・12・24民集12・16・3352（国有境内地処分法事件）では、土地の明渡請求事件の中
　で政教分離原則違反が争われ、また、最二判平成8・3・8民集50・3・469（神戸高専事件）
　では、退学処分等の違法性が争われる中で政教分離原則への言及がなされている。

第2節　問題提起

　政教分離規定をもって客観法の性格を有する規定だと考えるのであれば、政
教分離違反を争う場合の問題提起は、ある国家行為が憲法20条1項後段なり、
20条3項なり、89条前段なりが禁止しているところに違反していることを、端

83

憲法　事例問題起案の基礎

的に示せばよい。

その場合、二つの点に注意する必要がある。第一に、「政教分離原則に違反
している」というような漠然とした言い方をするのではなく、**憲法の政教分離
規定のうち、どの規定との関係を問題としたいのかを、条文を特定して明確に
する**必要があろう。

第二に、問題提起に当たっては、**その国家行為がなぜ問題になるのかを、政
教分離規定の条文に即して具体的に説明する**必要がある。比喩的な言い方をす
れば、国家行為が憲法の禁止の「構成要件」に該当することを論証する必要が
あるということである。例えば、憲法20条3項違反を問題にしたいのであれば、
同条は、「国及びその機関」が「宗教教育その他……宗教的活動」を行うこと
を禁止しているのであるから、①本件では国またはその機関の行為が問題と
なっていること、②その行為が形式的に「宗教的活動」に当たることを、具体
的に示さなければならない。同様に、憲法20条1項後段違反を問題にするので
あれば、①「宗教団体」が②「国」から③「特権を受け」ていることを、89条
前段違反を問題にするのであれば、①「公金その他の公の財産」が、②「宗教
上の組織若しくは団体の使用、便益若しくは維持のため」に、③「支出し、又
はその利用に供」されていることを、具体的に示す必要がある。

なお、憲法20条1項後段の「宗教団体」、同条3項の「宗教上の組織若しくは団体」と
は何かという論点があることは、周知のとおりである。ある事案で問題となっている団体
がそれらに当たるか否かが争点になりうる場合には、そもそも問題提起が適切かどうかが
争われることになる点に注意されたい。

第3節　合憲性判断の枠組み

1　政教分離規定の法的性格

本題に入る前に、答案を作成する際に政教分離規定の法的性格、とりわけ制
度的保障論について書く必要があるのかどうか、もし書くのだとしたら何のた
めに書くのかを確認しておきたい。

制度的保障という考え方は、憲法の規定の中には、「個人的権利、とくに自

由権そのものとは異なる一定の制度に対して、立法によってもその核心ないし本質的内容を侵害することができない特別の保護を与え、当該制度それ自体を客観的に保障している」と解される規定があるとするものである（芦部信喜（高橋和之補訂）『憲法〔第6版〕』（岩波書店、2015年）86頁）。これを裏返せば、制度的保障によって「特別の保護」が与えられるのは制度の「核心ないし本質的内容」に限られ、制度の周辺部分に関しては立法で変更しても違憲ではないということになる。それゆえ、制度的保障論は、政教分離規定の文脈に置きなおせば、政教分離という制度の核心部分が侵害されていない限り違憲にはならないとして、緩やかな政教分離を根拠づける理論だということができる。

　この点を理解していれば、答案を作成するに際し、**原告の主張の中で制度的保障論を展開することは明らかに有害**だということが分かるであろう。原告にしてみれば、いわゆる厳格分離の考え方を前提に、厳格な判断枠組みで国家行為の合憲性を判断すべきだと主張したいはずで、それにもかかわらず、その原告が「政教分離規定は、制度的保障の規定であって……」と言い始めるのは、どうみても矛盾している。

　もちろん、被告の反論として制度的保障論と緩やかな分離を書くのであれば話は別で、そうした立論は十分ありうる。

　では、私見でこれを書くというのは「あり」かと聞かれれば、論理的にはないわけではない。ただ、制度的保障論は、確かにかつて判例（最大判昭和52・7・13民集31・4・533（津地鎮祭事件））・通説の地位を占めた考え方であったが、今日では、学説上決定的な批判が加えられており（石川健治『自由と特権の距離 —— カール・シュミットと「制度体保障」論・再考 ——〔増補版〕』（日本評論社、2007年）224頁）、私見で制度的保障論を書くことは、個人的にはお奨めしない。

2　目的効果基準

　政教分離規定の違反の有無を判定する「審査基準」として、判例上いわゆる目的効果基準が用いられてきたことは、周知のとおりである。目的効果基準は、本来は違憲審査基準というよりは、憲法20条3項によって禁止される「宗教的

活動」の定義として説かれたものであったが、今となっては、政教分離規定による禁止に形式的に該当する国家行為の違法性を判断する基準として用いても差し支えはないように思われる（最大判平成9・4・2民集51・4・1673（愛媛玉串料事件）および神戸高専事件（前掲）参照）。

　では、目的効果基準ではなく、レモン・テストを書くことは、どうだろうか。公法系第1問では、当事者間で主張が対立しうる点を見いだし、それらの対立点について自分がどう考えるのかを書くことになるが、問題提起の部分で当事者間に対立がなく、合憲性判断枠組みについても目的効果基準を使うことに争いがないとしてしまうと、目的効果基準の当てはめだけで設問1・設問2を書かなければならないことになり、受験生としては不安になる（あるいは書くことがなくなる）かもしれない。それゆえ、原告にレモン・テストを主張させ、被告に目的効果基準で反論させるというストーリーを選びたくなる気持ちも分かる。

　ただ、レモン・テストは外国の判例理論にすぎないのであり、わが国で実務家になるための試験でこれを書いた場合にどのように評価されるのかは、正直なところよく分からない。とはいえ、曲がりなりにもレモン・テストを参考に独自に発展させた目的効果基準がわが国の判例理論としてある以上、レモン・テストを書くのは、せいぜい原告の主張だけにとどめておくのが無難であるように思われる。

　また、後に見るように、原告の主張と被告の反論とを書き分ける際、同じ目的効果基準を用いるにしてもその適用の仕方で違いを出すことはできるのであり、レモン・テストにそこまで固執する必要はないように思われる。

3　空知太神社事件最高裁判決

　ところで、これも周知の通り、最高裁は、政教分離規定の違反が争われる場合、常に目的効果基準を用いて判断をしてきたわけではない。最高裁は、最大判平成22・1・20民集64・1・1（空知太神社事件）において、宗教上の組織・団体に対する公有地の無償提供の合憲性を、目的効果基準を用いることなく判断している。

このように目的効果基準が用いられない場合があるとしたら、目的効果基準を用いて判断すべき場合と、これを用いずに判断すべき場合とをどのように区別したらよいのだろうか。

なぜ空知太神社事件では目的効果基準が用いられなかったのかについては、学説上さまざまな説明が試みられているが、今のところ決定的な答えはなく、今後の判例の集積を待つほかない。ただ、例えば、藤田裁判官の補足意見は、本件で問題となったような専ら特定の純粋な宗教施設および行事の便宜のために公有地を提供する行為は憲法89条前段がまさに禁止しようとする中核部分に該当するがゆえに「目的効果基準の適用の可否が問われる以前の問題である」という説明をし、また、本件の調査官解説は、目的効果基準が用いられなかった理由として、「当該事案の特殊性（本件であれば、問題とされているのが、従来のような1回限りの作為的行為ではなく、極めて長期間にわたる不作為的側面も有する継続的行為であること）」を挙げている。

かつては、政教分離にかかわる事例であれば直ちに、目的効果基準によって違反の有無を判断すべきと考えることができた。しかし、今日では、目的効果基準の議論に入る前に、そもそも目的効果基準を使うべきなのかどうかから検討することが必要となっている。その際、現時点で答案の作成上は、藤田裁判官と調査官解説のいずれかの説明に従ってこれを決定し、次のステップに進めば十分であるように思われる。

第4節　目的効果基準の適用

1　津地鎮祭事件における目的効果基準の適用

しばしば指摘されることであるが、わが国の目的効果基準は、目的に関する部分と効果に関する部分とが独立して機能させられることがなく、その結果、目的効果基準それ自体よりも、「当該行為の行われる場所、当該行為に対する一般人の宗教的評価、当該行為者が当該行為を行うについての意図、目的及び宗教的意識の有無、程度、当該行為の一般人に与える効果、影響等、諸般の事情を考慮し、社会通念に従つて、客観的に判断しなければならない」とする部

分が大きな意味をもっている。

「A、B、Cといった諸事情を総合的に考慮」するというのは、最高裁がしばしば用いる判断枠組みであるが、この場合、その「当てはめ」は、A、B、Cといった**諸事情を一つ一つ検討していくというのが定石**であろう。目的効果基準に即して言えば、津地鎮祭判決が挙げる四つの考慮要素、すなわち①当該行為の行われる場所、②当該行為に対する一般人の宗教的評価、③当該行為者が当該行為を行うについての意図、目的及び宗教的意識の有無、程度、④当該行為の一般人に与える効果、影響を、それぞれ検討していくことになる。その際、例えば「当該行為の行われる場所」については、(i) 本件で問題とされた行為はどこで行われたのかという事実を指摘し、(ii) その事実がどのような意味を有しているのかを分析し、(iii) その結果、どういうことが言えるのか（例えば、宗教性の強弱など）を論じればよい。

そのうえで、「以上の諸事情を総合的に考慮すれば」という前置きをして、目的効果基準、つまり、行為の目的の宗教的意義と、宗教を援助、助長、促進又は圧迫、干渉する効果の有無の議論に結びつけたらよいであろう。

なお、A、B、Cといった諸事情ないし諸要素は、なにもその通りの順序で論じなくても、総合考慮の結論に結び付けやすいように適宜順序を入れ換えることも許容されるように思われる。

2 愛媛玉串料事件における目的効果基準の適用

ところで、愛媛玉串料事件最高裁判決（前掲）に関して、目的効果基準を「厳格に適用して違憲の結論を導いた判決」だという説明がなされることがある。愛媛玉串料事件で、目的効果基準はどのような意味で「厳格に適用」されたのだろうか。

愛媛玉串料判決は、次の二つの点で、それ以前の目的効果基準の適用の仕方とは異なっていたということができる。それは、第一に、目的効果基準のうち「目的」の部分について、行為自体が客観的に有する宗教的意義から、行為者の主観的な「行為の目的」を推認する手法を採っていることであり、第二に、「効果」の部分について、「一般人に対して、当該特定の宗教団体を特別に支援し

ており、それらの宗教団体が他の宗教団体とは異なる特別のものであるとの印象を与え、特定の宗教への関心を呼び起こす」効果の有無に着目する手法を採っていることである。

　前者の点について、目的効果基準は本来、「行為の目的」が宗教的意義を有するか否かを問題とするものであるが、愛媛玉串料判決においては、むしろ行為自体が有する宗教的意義が重視されたということができる。最高裁が重視したのは、愛媛県知事が現実に何を考えて玉串料等を奉納したかではなく、靖国神社の例大祭等に際して玉串料等を奉納する行為は「一般人が……社会的儀礼の一つにすぎないと評価しているとは考え難」いという、玉串料の奉納行為自体が有する宗教的意義であった。つまり、宗教的意義を有すると一般に評価しうる行為がなされる場合、その行為をする者は宗教的意義を有する目的で行為しているとみることができ、それゆえに行為の宗教的意義から行為の目的の宗教的意義を認定することができるというのが、愛媛玉串料判決の考え方だったということができる。この点を明確に説いているのが大野正男裁判官の補足意見であり、彼は、「行為の目的は、当該行為者の主観的、内面的な感情の有無や濃淡によってのみ判断されるべきではなく、その行為の態様等との関連において客観的に判断されるべきもの」であると説明している。

　他方で、後者の点について、愛媛玉串料判決で最高裁がとったアプローチがアメリカ法にいうエンドースメント・テスト（政教分離原則違反の有無を判断するに際し、政府の行為が宗教を是認（エンドース）するメッセージを送るものであるか否かを審査するテスト）に類似していることは、しばしば指摘されている。愛媛玉串料判決は、「効果」の判断において、玉串料の奉納行為が靖国神社に対し物質的な援助等を与えるものか否かというだけでなく、これが一般人に対してどのような「印象」を与えるかという精神的な効果をも問題としたことが注目されたのである。再び大野裁判官の言葉を借りれば、「本件玉串料の支出は……経済的にみれば、宗教に対する援助、助長に当たるとは必ずしもいえないとの議論もあり得る」が、「政教分離原則の適用を検討するに当たっては、……社会に与える無形的なあるいは精神的な効果や影響をも考慮すべき」であるとされる。

憲法　事例問題起案の基礎

　こうした目的効果基準の厳格な適用は、津地鎮祭判決による目的効果基準の適用方法とは異なっており、当然、賛否両論がありうる。しかし、ここで重要なのは、同じ目的効果基準を用いる場合であっても、津地鎮祭事件のようにこれを「緩やかに適用」する方法と、愛媛玉串料事件のように「厳格に適用」する方法とがありうるということである。第3節2において、政教分離規定の違反が争われる事案で原告の主張と被告の反論との間でどのようにして対立点を設ければよいのかについて触れたが、合憲性判断の枠組みのレベルで対立点を設けなくても（原告・被告ともに目的効果基準を用いることに争いがないということにしても）、原告には愛媛玉串料事件型の目的効果基準の当てはめを主張させ、被告には津地鎮祭事件型の当てはめで反論させるという形で、当てはめのレベルで両者の間に違いを出すこともできるのである。

第9章　委任立法・条例の合憲性が争われる場合
第1節　委任立法・条例に特有な違憲の主張

　委任立法や条例の合憲性はどのように判断されるのか。まず、当然のことながら、委任立法や条例は、我々国民の権利を制限し義務を課すことができる法規範であるので、これらの規範が、自由権など憲法が定める人権を制約する場合には、本書で既に述べた違憲審査の手法が用いられる。

　次に、上記の場合に加えて、委任立法や条例には特有の違憲ないし違法の主張方法がある（**形式的合憲性**）。なお、この問題は、主に行政法研究者が取り扱ってきたテーマであるが、行政法だけでなく、憲法のコアカリキュラム（第2次案）においても、「委任立法の意義及び問題点について理解しているとともに、法律による授権の限界及び委任された命令の限界について、具体的事例を挙げ、判例を踏まえて、考察することができる」こと、および「条例が法律の範囲内にあるか否か、『上乗せ』条例及び『横出し』条例が許されるか否かについて、具体的事例を挙げて、判例を踏まえて、考察することができる」ことが、ロースクールにおける共通到達目標として定められている。

　また、条例制定権の限界にかかる問題は、司法試験論文式試験に限ってみても、平成19年の公法系第1問（憲法）と平成23年の公法系第2問（行政法）で出題されている。この点に関して、考査委員は、「憲法は公法系科目のうちの一つであるので、行政法にも関連する分野を取り上げるということも一つ考えられるところであると思う。公法系の中で、行政法と憲法の問題をどのように調整するか、どのような関係にするかということについては、いろいろ議論があるところかと思うが、今年の問題としては、行政法の分野でも取り上げられそうな分野から出題してはどうかと考え、条例に関する問題を含む問題を取り上げることにした。飽くまで今年の出題は、憲法論を論ずるものであり、分野は行政法にもかかわる分野ではあるが、それを素材として、憲法上の論点について論述してもらう問題を出題することにした」（平成19年度新司法試験考査委員（公法系科目）に対するヒアリングの概要）との説明を行っている。

　以上のことからすれば、これらの問題については、分野が重なるから出題が

憲法　事例問題起案の基礎

敬遠されるのではなく、むしろどちらの分野からも出題されうると考えるべきであって、十分な準備や対策が必要であるといえる（他にも、損失補償の要否の問題などが同様の状況にあるといえよう）。

第2節　委任立法

1　委任立法

　憲法には立法の委任を正面から認める規定はないが、73条6号ただし書から立法の委任も可能であると解されている。

　次に、立法の委任の限界を論じるに当たっては、委任立法を授権している法律自体の違憲性が問題となる局面（以下、2で説明する。）と、授権された委任立法自体の法律適合性が問題となる局面（以下、3で説明する。）とを分けて検討することが求められる。なお、法律により委任を受けて定められる法規命令のことを、憲法学では行政による立法行為である点を重視して「委任立法」と呼ぶことが多いのに対し、行政法学においては命令という活動行為形式に着目して「委任命令」と呼んでいる。

2　委任する立法者の側の問題（白紙委任禁止法理）

（1）問題提起

　白紙委任の禁止法理違反を争う場合の問題提起は、委任立法を授権している具体的な規定（すなわち法律の条文）を明示した上で、当該規定による委任の方法が白紙委任禁止法理に違反していることを、端的に示せばよいであろう。

（2）合憲性判断の枠組み

　法律が委任立法を授権する際の委任の方法やその限界は、憲法には明示的な定めが存在せず、解釈に委ねられている。

　まず、立法者は、立法裁量の範囲内で、委任立法に法規の定立を委任することができる。しかし、法治国原理・法律による行政の原理（法律の法規創造力の原則）からすると、憲法は、立法権を実質的に放棄するような形での委任を許しているとは解されないので、包括的・白紙的委任は許されない。したがっ

92

第 9 章　委任立法・条例の合憲性が争われる場合

て、このような委任を行なえば、委任した法律が憲法41条に違反することになると解されている。これが、いわゆる**白紙委任禁止法理**である。ただ、判例（最大判昭和49・11・6 刑集28・9・393（猿払事件最高裁判決）等）においては、この法理はあまり機能しておらず、実質的に白紙委任的な授権も合憲であると判断されていることから、学説によって強く批判されている状況にある。また、判例は、具体的な判断基準も示していない。

　このような状況において、原告の立場に立って、違憲であるとの答案を書くことはかなり困難であるが、例えば、猿払事件最高裁判決（前掲）の少数意見は、公務員関係の規律の対象となる政治的行為の規定の委任に関して、「まず一般論として、国会が、法律自体の中で、特定の事項に限定してこれに関する具体的な内容の規定を他の国家機関に委任することは、その合理的必要性があり、かつ、右の具体的な定めがほしいままにされることのないように当該機関を指導又は制約すべき目標、基準、考慮すべき要素等を指示してするものであるかぎり、必ずしも憲法に違反するものということはできず、また、右の指示も、委任を定める規定自体の中でこれを明示する必要はなく、当該法律の他の規定や法律全体を通じて合理的に導き出されるものであつてもよいと解される」と述べており、参考となろう（なお、調査官解説によれば、この一般論は、多数意見を補足する内容であると解されている（香城敏麿『最判解刑事篇昭和49年度』243頁）。つまり、委任に当たっては、目的や基準などが必要であるが、それは必ずしも明示されている必要はなく、当該法律の合理的な解釈から導出できればよいとするのが、最高裁の考え方といえよう。

　また、学説においては、「基準なき広汎な委任は、種々の代価をともなうのみならず、何よりも憲法制定権力者の定めた国家機関と権能に関する憲法上の取決めを破壊するものとして許されないと解される。したがって、国会は、顕著な政策的選択肢について明白な決定を自ら行うことが必要であって、委任はその決定にとって手段的でなければならないと解される」（佐藤幸治『日本国憲法論』（成文堂、2011年）435頁）との見解があり、これを用いてもよいだろう。

　他方で、被告の立場から当該委任立法の合憲性を主張する場合には、仮に法

93

律に「目的」「基準」が明示されていない場合でも、法律の合理的な解釈を行うことで委任の趣旨を具体的に導き出すこと（すわなち、当該委任規定が白紙委任であり違憲との結論を回避するために、法律全体の趣旨を踏まえて当該委任規定を限定解釈するわけである。）が求められるほか、規律の対象の特殊性（例えば、国家公務員の政治的行為の制限にかかる人事院規則への委任が問題となった事件の規律対象は、一般権力関係ではなく公務員関係であった。）や規範定立者の特殊性（同事件では、人事院という内閣から独立して人事行政を遂行する合議体の機関であった。）などについても検討すべきである（この点につき、塩野宏『行政法Ⅰ〔第6版〕』（有斐閣、2015年）107頁参照）。

3 委任を受けた行政機関の側の問題（委任の範囲の逸脱禁止法理）

（1）問題提起

委任の範囲の逸脱禁止法理違反を争う場合の問題提起は、問題となる委任立法の規定（すなわち委任立法の条文）とその内容を明示した上で、当該規定が委任の範囲の逸脱禁止法理に違反していることを、端的に示せばよいであろう。

（2）合憲性判断の枠組み

委任立法は委任を受けた法律の趣旨に適合するものでなければならず、委任の趣旨を逸脱した場合には、違法ないし無効になると解されている（**委任の範囲の逸脱禁止法理**）。そして、「この問題自体は、法律による行政の原理の当然の帰結であるが、行政手続法38条は、その趣旨を確認的に規定している」（塩野・前掲書107頁）ところでもある。ちなみに、委任の範囲を逸脱する委任立法は上記で述べたように違憲というよりは、違法であると考えられている。

委任立法の適法性についても、最高裁は明確な判断枠組みを示していない。ただ、2で述べた委任を授権する法律自体の違憲性について最高裁は立法裁量を広範に認め、一度も違憲判決を下したことがないのとは対照的に、委任立法の適法性については、これまでに6の事件において委任の範囲の逸脱により違法ないし無効との判決が下されている。これらの判例から、一般的に、委任立法の適法性について、「委任の範囲を超えているのかどうかは、当該法律の委任規定の文言、当該行政制度の趣旨から見た委任の趣旨、対象となる私人の権

利の性質などを踏まえて、最終的に裁判所によって判断される」（曽和俊文『行政法総論を学ぶ』（有斐閣、2014年）103頁）との説明がなされている。そして、これら諸要素の力点の置き方次第で、異なる結論を導くことができる（この点で、第一審、第二審および最高裁がそれぞれ異なる理由を示したサーベル登録拒否事件（最一判平成2・2・1民集44・2・369）が、答案作成上、参考になる。）。

なお、最高裁が、幼児接見不許可事件（最三判平成3・7・9民集45・6・1049）とサーベル登録拒否事件（前掲）で結論を異にしたことにつき、学説においては、「前者における接見の自由、後者における銃砲刀剣類の輸入の自由に対する裁判所の評価が二つを分けていると思われ、またそれは正当である」（塩野・前掲書108頁）と評されていることから、規律の対象となる私人の権利利益の性質が上記要素の中でも重要であるといえよう。

また、委任立法の司法審査について、最高裁は、裁量権の逸脱濫用法理を用いることもある（例えば、最三判平24・2・28民集66・3・1240（老齢加算廃止違憲訴訟）。）。この場合も、当該委任立法の定立者である大臣等の「判断の過程及び手続に過誤、欠落があるか」（判断過程統制）等が審査されることになるので、裁量統制の審査密度の濃淡に応じて異なる結論を導くことができる。

さらに、最近の判例（最二判平成25・1・11民集67・1・1（医薬品ネット販売権確認等請求事件））においては、「授権の趣旨が…規制の範囲や程度等に応じて明確に読み取れること」も求められている。ただ、授権の明確性という委任の方法の問題は、従来、委任する法律の側の合憲性の問題と位置付けられていたものであり、同判決の学説上の評価も定まっているとはいえない（例えば、ある者は、「本判決は、『授権趣旨の明確性』を行政立法策定権限のいわば『発動要件』とみて、授権趣旨の明確性（要件）が欠けている状態において行政立法が策定された場合にはその責任は行政機関の側にあるとすると同時に、明確な授権趣旨を設けなかったという立法不作為の責任については判示の対象としないという『整理』を示したのではないか」と解している（野口貴公美・行政判例百選Ⅰ〔第7版〕50事件103頁）。）。したがって、この観点に言及する際には、採点者に論点の混同と誤解されないよう注意する必要がある。

いずれにせよ委任の範囲の逸脱禁止法理を用いる際には、委任の趣旨をどれ

憲法　事例問題起案の基礎

だけ説得的に論じられるかがポイントとなる。答案作成にあたっては、問題文、会議録や資料に示された「材料」を利用し尽くすことが重要であり、特に、国会での審議の記録など法改正の経緯が示されている場合には趣旨を解明する重要な手がかりとなろう。

第3節　条例制定権の限界

1　問題提起

　条例制定権の限界を争う場合の問題提起は、①問題となる条例の規定ないし規制内容と②抵触する法令（法律および法規命令）の規定ないし規制内容を簡潔に示した上で、当該条例が当該法令に違反し、条例制定権の限界を超えていることを、端的に示せばよいであろう。

2　合憲性判断の枠組み

　憲法94条は、「地方公共団体は、……法律の範囲内で条例を制定することができる。」と定めているため、条例については、法律の範囲内か否か（**条例制定権の範囲と限界**）が問題となる。そして、判例（最大判昭和50・9・10刑集29・8・489（徳島市公安条例事件））は、「条例が国の法令に違反するかどうかは、両者の対象事項と規定文言を対比するのみでなく、それぞれの趣旨、目的、内容及び効果を比較し、両者の間に矛盾牴触があるかどうかによつてこれを決しなければならない。」とした上で、「[①]特定事項についてこれを規律する国の法令と条例とが併存する場合でも、後者が前者とは別の目的に基づく規律を意図するものであり、その適用によつて前者の規定の意図する目的と効果をなんら阻害することがないときや、[②]両者が同一の目的に出たものであつても、国の法令が必ずしもその規定によつて全国的に一律に同一内容の規制を施す趣旨ではなく、それぞれの普通地方公共団体において、その地方の実情に応じて、別段の規制を施すことを容認する趣旨であると解されるときは、国の法令と条例との間にはなんらの矛盾牴触はなく、条例が国の法令に違反する問題は生じえない」とする。この判断枠組みは、1999年の地方分権改革を経た現

96

在においても、議論はあるが、原則としてそのまま妥当すると解されている。

ただ、この判断枠組みは、「もともと、ほぼいかなる具体的な帰結をも導き得るほど、極めて柔軟なもの」であると言われており（岩橋健定「分権時代の条例制定権　現状と課題」ジュリスト1396号（2010年）138頁以下、139頁）、実際に、例えば、パチンコ規制条例が風営法に抵触するか否かについて、この判断枠組みのもとで下級審の判断は分かれている。このような事態は、これまでにない条例を制定したいと考える自治体に当該条例の合憲性ないし適法性を確信させず、事後的な裁判において常に違憲・違法と判断されうる大きなリスクが残ることを意味し、分権化時代における自治体法務の発展を阻害しかねない点で大変に問題であるといえる。しかしながら、答案作成の観点からみれば、この判断枠組みの柔軟さゆえに、原告の立場から違憲の主張をすることも、被告の立場から合憲の主張をすることも容易に行うことができる。

なお、考査委員は、「『あなた』の見解は、…『第3の道』となることもあり得る。例えば、徳島市公安事件上告審判決の判断には問題もある。同判決の判断が公安条例の場合を超えて、他の条例の場合にどこまで妥当するのかは、必ずしも明確ではない。ここで、この問題が論じられ、判例とは異なる『あなた』の見解が主張されることもあり得よう」（平成19年出題趣旨）とも述べているが、上記判例とは異なる見解を主張することは実際には困難であろう。

3　答案作成上のポイント

条例制定権の限界に関し、考査委員は、「条例自体の合憲性に関する主要な問題は、『法律と条例の関係』である。徳島市公安事件上告審判決がポイントとなるが、まず、当該判決を正確に理解していることが求められる。その上で、法律と条例の目的・趣旨・効果をどのように比較するのか、どのような点で法律の範囲内である/ない、という結論を導くのかについて論じることが、必要である」（平成19年出題趣旨）と述べている。その上で、「それから分析の仕方であるが、この判決の基準からすると法律と条例の趣旨・目的を比較検討していくことになり、こういった比較を行っている答案は多かったわけであるが、内容的には非常に表面的と言うか、資料に書いてある法律と条例の目的の部分

憲法　事例問題起案の基礎

を並べて、若干言葉が違っていることだけをとらえて、言葉が違っているから趣旨が違うとか、違っているけれどもこれは基本的に一緒なんだというふうな書きぶりにとどまり、余り深い分析がなくて、表面的な結論だけを示している答案が多かったというふうに思われる。」（平成19年度新司法試験考査委員（公法系科目）に対するヒアリングの概要）と指摘している。したがって、答案を書く際には、条文の文言だけでなく、当該法令の仕組み全体に視野を広げて議論するとともに、問題文、会議録や資料に示された「材料」を利用し尽くすことが重要であり、特に、条例制定権の限界を論ずる際には、抵触する法律の立法者意思が重要な手がかりとなろう。

　また、国の法令が「別段の規制を認める趣旨」であるか否かを検討するに当たっては、「規制事項の性質、関連する人権が一つの手掛りを提供する」（塩野宏『行政法Ⅲ〔第4版〕』（有斐閣、2012年）187頁）と解されているので、この点についても言及すべきであろう。

事 項 索 引

あ 行

明らかな差し迫った危険の基準
　……………………………… 34, 71
アファーマティブアクション
　→ 積極的差別解消措置
一部違憲 → 部分違憲
違憲審査基準………………… 23-29
違憲審査の選択………………… 9
違憲判決の効力…………………54
委任の範囲の逸脱禁止法理………94
委任命令…………………………92
委任立法………………… 33, 91-96
エンドースメント・テスト………89

か 行

過度に広汎性の故に無効…………76
間接差別…………………………48
間接的・付随的制約………………61
客観法…………………45, 72, 83
区別………………………………45
形式的平等………………………46
検閲………………… 5, 9, 80-81
憲法問題の提起…………………7, 19
コアカリキュラム…………………91
公務員
　………5, 25, 27-28, 37, 78-79, 93-94

さ 行

採点実感…………………………17
裁量権の逸脱濫用法理……………95
猿払基準…………………16, 25, 34
三段階審査論……10-11, 19-23, 32-34
司法事実…………10, 28, 54, 59, 75
取材源秘匿権………………… 20-21
取材の自由………………… 20-21

手段審査

手段審査………………………… 29, 62
出題趣旨…………………………17
処分違憲… 9, 24, 28, 45, 57-58, 69-74
審査密度………………… 33-34, 95
制限的でない他の選びうる手段の基準
　……………… 17, 25, 29, 34, 72-73
政治的行為………… 5, 27-28, 93-94
生存権…………………… 35-43, 47
制度後退禁止原則………… 38-40, 43
制度的保障論………………… 84-85
積極的権利………………………35
積極的差別解消措置………… 54-55
相対的平等………………………46
相当性理論………………………24
相当の蓋然性の基準………… 70-71
訴訟形式の選択………………… 7

た 行

中間審査（基準）
　……………… 26, 31-32, 34, 55, 62
適用違憲…………… 9, 24, 28, 57-69
適用事実類型………………… 59, 75
適用審査………………… 59, 62-64, 75
特別意味説………………… 49, 51

な 行

「二重のしぼり」論 …………………79
二重の未確定性……………………36

は 行

白紙委任禁止法理…………… 92-94
判断過程審査………… 40-42, 72-73
判断過程統制………………… 40, 95
比較衡量………………… 24, 27-28, 34
必要不可欠な公共的利益のテスト
　………………………………25

比例原則……………… 23, 32-34, 71-73
夫婦同氏制……………………………48
付随的違憲審査の方法…… 62-63, 75
法適用の平等…………………………45
法内容の平等…………………………45
法律と条例の関係………… 33, 96-98
法令違憲
　……… 7, 19, 23, 28, 45, 57, 62-67, 78
保護範囲………………………… 20-22

ま　行

未成年者………………………………25
明確性の法理………………… 76-79
明白かつ現在の危険の基準………71
明白性の原則／明白の原則
　…………………………34, 36, 50
目的効果基準…………… 15, 85-90
目的手段審査… 23-24, 28, 35, 60-62
目的審査………………………… 28, 33

や　行

予算支出行為………………………………69

ら　行

利益衡量 → 比較衡量
立法裁量…………25, 36, 50, 92, 94
立法事実
　……… 10, 28-29, 41, 53, 62, 75, 80
立法の委任…………………………92
例示説……………………………49
レモン・テスト……………… 15, 86
老齢加算の廃止……………… 40, 42

が　行

外国人……………………………25
厳格審査基準
　……… 16, 24, 25, 26, 29, 34, 49, 51
厳格な合理性の審査(基準)… 34, 50

限定解釈……………………………94
合憲限定解釈
　………… 9, 57-58, 69, 71, 77-79

ざ　行

事実行為……………………………69
事前抑制の禁止……………………80
実質的平等……………… 46, 54
住民訴訟………………………9, 83
授権趣旨の明確性…………………95
条例…………………………………91
条例制定権の限界………… 91, 96-98
絶対的平等…………………………56
全適用違憲…………………………64

ば　行

漠然性の故に無効…………………76
漠然性または過度に広汎性の故に無効
　→ 明確性の法理
平等（14条1項）………… 41, 45-56
部分違憲…………………… 67-68
文面審査……………………………75
文面上違憲…………………………77
ベースライン………………………38
別異取扱い…………………………45
別段の規制…………………………96
防禦権的構成……………… 36-37

ぱ　行

ポジティブアクション
　→ 積極的差別解消措置

ABC

LRAの基準
　→ 制限的でない他の選びうる手
　　段の基準

判 例 索 引

最大判昭和28・12・23民集7・13・1561（皇居前広場事件）・・・・・・・・・・・・・・・・・・・・ 9

最大判昭和29・11・24刑集8・11・1866（新潟県公安条例事件）・・・・・・・・・・・・・・・・71

最大判昭和33・10・15刑集12・14・3305・・・・・・・・・・・・・・・・・・・・・・・・・・・・・・・・・・・・47

最大判昭和33・12・24民集12・16・3352（国有境内地処分法事件）・・・・・・・・・・・・・83

最大判昭和37・11・28刑集16・11・1593（第三者所有物没収事件）・・・・・・・ 14, 73

最大判昭和38・5・15刑集17・4・302（加持祈禱事件）・・・・・・・・・・・・・・・・・・・・・・63

最大判昭和44・6・25刑集23・7・975（夕刊和歌山時事事件）・・・・・・・・・・・・・・・・24

最大判昭和44・4・2刑集23・5・305（都教組事件）・・・・・・・・・・・・・・・・・・・・・・・・78

最大決昭和44・11・26刑集23・11・1490（博多駅事件）・・・・・・・・・・・・・・・・ 20, 28

最大判昭和48・4・4刑集27・3・265（尊属殺重罰規定違憲判決）・・・46, 49, 50, 52, 53

最大判昭和49・11・6刑集28・9・393（猿払事件最高裁判決）・・・・・・・・・・5, 34, 61, 93

最大判昭和50・9・10刑集29・8・489（徳島市公安条例事件）・・・・・・・・・76, 77, 96

最大判昭和52・7・13民集31・4・533（津地鎮祭事件）・・・・・・・・・・ 15, 85, 87, 90

最二判昭和56・6・15刑集35・4・205 ・・・・・・・・・・・・・・・・・・・・・・・・・・・・・・・・・・・25

最大判昭和57・7・7民集36・7・1235（堀木訴訟）・・・・・・・・・・・・・・・・・36, 41, 50

最大判昭和58・6・22民集37・5・793（よど号ハイジャック新聞記事事件）

・・・27, 70, 71

最大判昭和59・12・12民集38・12・1308（札幌税関検査事件）・・・・・・・・5, 9, 76, 78, 80

最大判昭和60・3・27民集39・2・247（サラリーマン税金訴訟）・・・・・・・・・・・・・・50

最大判昭和60・10・23刑集39・6・413（福岡県青少年保護育成条例事件）・・・・・・・・79

最大判昭和61・6・11民集40・4・872（北方ジャーナル事件）・・・・・・・・・・・・・・・・81

最一判平成2・2・1民集44・2・369（サーベル登録拒否事件）・・・・・・・・・・・・・・・・95

最三判平成3・7・9民集45・6・1049（幼児接見不許可事件）・・・・・・・・・・・・・・・・95

最大判平成4・7・1民集46・5・437（成田新法事件）・・・・・・・・・・・・・・・・・・・・・・28

最三判平成5・2・16民集47・3・1687（箕面忠魂碑事件）・・・・・・・・・・・・・・・・・・ 5

最三判平成7・3・7民集49・3・687（泉佐野市民会館事件）・・・・・・・・9, 70, 71, 79

最二判平成8・3・8民集50・3・469（神戸高専事件）・・・・・・・・・・ 21, 72, 83, 86

最大判平成9・4・2民集51・4・1673（愛媛玉串料事件）・・・・・・・・4, 15, 86, 88

101

最三判平成9・8・29民集51・7・2921（第三次家永教科書訴訟）…………9, 28, 72, 74

最大判平成14・9・11民集56・7・1439（郵便法違憲判決）……………37, 42, 67

最大判平成17・9・14民集59・7・2087（在外国民選挙権訴訟）………………67

最三決平成18・10・3民集60・8・2647（NHK記者証言拒否事件）……………28

最三判平成19・9・18刑集61・6・601（広島市暴走族追放条例事件）………………79

最二判平成19・9・28民集61・6・2345（学生無年金訴訟）……………………41

最二判平成20・4・11刑集62・5・1217（防衛庁官舎ビラ配布事件）

………………………………………………………………57, 59, 60, 62, 64

最大判平成20・6・4民集62・6・1367（国籍法違憲判決）…………50, 52, 53, 54, 67

最大判平成22・1・20民集64・1・1（空知太神社事件）…………………………86

福岡高判平成22・6・14判時2085・76………………………………………………40

最三判平成24・2・28民集66・3・1240（老齢加算廃止違憲訴訟）………40, 42, 95

最二判平成24・12・7刑集66・12・1337（堀越事件）………………………………27

最二判平成25・1・11民集67・1・1（医薬品ネット販売権確認等請求事件）………95

東京地判平成25・3・14判時2178・3 ………………………………………………8

最大決平成25・9・4民集67・6・1320（非嫡出子法定相続分違憲決定）……50, 53, 54

最一判平成25・9・26民集67・6・1384…………………………………………………48

最大判平成27・12・16民集69・8・2427（再婚禁止期間違憲判決）…… 50, 52, 53, 67

最大判平成27・12・16民集69・8・2586（夫婦同氏制事件）………………………48

岡山大学版教科書　憲法　事例問題起案の基礎

2018 年 5 月 1 日　初版第 1 刷発行
2024 年10月 1 日　初版第10刷発行

編著者　岡山大学法科大学院公法系講座
発行者　那須　保友
発行所　岡山大学出版会
　　　　〒700-8530　岡山県岡山市北区津島中 3 - 1 - 1
　　　　TEL 086-251-7306　FAX 086-251-7314
　　　　https://www.lib.okayama-u.ac.jp/up/
制作会社　広和印刷株式会社
印刷・製本　友野印刷株式会社

©2018　Public Law Faculty at School of Law, Okayama University　Printed in Japan
ISBN978-4-904228-60-9
落丁本・乱丁本はお取り替えいたします。
本書を無断で複写・複製することは著作権法上の例外を除き禁じられています。